PREFACIO

I0142628

La colección de guías de conversación para viajar "Todo irá bien" publicada por T&P Books está diseñada para personas que viajan al extranjero para turismo y negocios. Las guías contienen lo más importante - los elementos esenciales para una comunicación básica.Éste es un conjunto de frases imprescindibles para "sobrevivir" mientras está en el extranjero.

Esta guía de conversación le ayudará en la mayoría de los casos donde usted necesite pedir algo, conseguir direcciones, saber cuánto cuesta algo, etc. Puede también resolver situaciones difíciles de la comunicación donde los gestos no pueden ayudar.

Este libro contiene una gran cantidad de frases que han sido agrupadas según los temas más relevantes. Esta edición también incluye un pequeño vocabulario que contiene alrededor de 3.000 de las palabras más frecuentemente usadas.Otra sección de la guía proporciona un glosario gastronómico que le puede ayudar a pedir los alimentos en un restaurante o a comprar comestibles en la tienda.

Llévese la guía de conversación "Todo irá bien" en el camino y tendrá una insustituible compañera de viaje que le ayudará a salir de cualquier situación y le enseñará a no temer hablar con extranjeros.

TABLA DE CONTENIDOS

T&P Books Publishing

T&P Books Publishing

GUÍA DE CONVERSACIÓN

— COREANO —

Andrey Taranov

LAS PALABRAS Y LAS FRASES MÁS ÚTILES

Esta Guía de Conversación
contiene las frases y las
preguntas más comunes
necesitadas para una
comunicación básica
con extranjeros

T&P BOOKS

Guía de conversación + diccionario de 3000 palabras

Guía de conversación Español-Coreano y vocabulario temático de 3000 palabras

por Andrey Taranov

La colección de guías de conversación para viajar "Todo irá bien" publicada por T&P Books está diseñada para personas que viajan al extranjero para turismo y negocios. Las guías contienen lo más importante - los elementos esenciales para una comunicación básica. Éste es un conjunto de frases imprescindibles para "sobrevivir" mientras está en el extranjero.

Este libro también incluye un pequeño vocabulario temático que contiene alrededor de 3.000 de las palabras más frecuentemente usadas. Otra sección de la guía proporciona un glosario gastronómico que le puede ayudar a pedir los alimentos en un restaurante o a comprar comestibles en la tienda.

T&P Books Publishing
www.tpbooks.com

ISBN: 978-1-78616-914-3

Este libro está disponible en formato electrónico o de E-Book también.
Visite www.tpbooks.com o las librerías electrónicas más destacadas en la Red.

PRONUNCIACIÓN

La letra	Ejemplo coreano	T&P alfabeto fonético	Ejemplo español

Las consonantes

La letra	Ejemplo coreano	T&P alfabeto fonético	Ejemplo español
ㄱ [1]	개	[k]	charco
ㄱ [2]	아기	[g]	jugada
ㄲ	껌	[k]	[k] tensa
ㄴ	눈	[n]	número
ㄷ [3]	달	[t]	torre
ㄷ [4]	사다리	[d]	desierto
ㄸ	딸	[t]	[t] tensa
ㄹ [5]	라디오	[r]	era, alfombra
ㄹ [6]	십팔	[l]	lira
ㅁ	문	[m]	nombre
ㅂ [7]	봄	[p]	precio
ㅂ [8]	아버지	[b]	en barco
ㅃ	빵	[p]	[p] tensa
ㅅ [9]	실	[s]	salva
ㅅ [10]	옷	[t]	torre
ㅆ	쌀	[ja:]	cambiar
ㅇ [11]	강	[ŋg]	gong
ㅈ [12]	집	[tɕ]	archivo
ㅈ [13]	아주	[dʑ]	tadzhik
ㅉ	짬	[tɕ]	[tch] tenso
ㅊ	차	[tɕh]	[tsch] aspirado
ㅌ	택시	[th]	[t] aspirada
ㅋ	칼	[kh]	[k] aspirada
ㅍ	포도	[ph]	[p] aspirada
ㅎ	한국	[h]	registro

La letra	Ejemplo coreano	T&P alfabeto fonético	Ejemplo español

Las vocales y las combinaciones con vocales

ㅏ	사	[a]	radio
ㅑ	향	[ja]	araña
ㅓ	머리	[ʌ]	¡Basta!
ㅕ	병	[jɑ]	ensayar
ㅗ	몸	[o]	bordado
ㅛ	표	[jɔ]	yogur
ㅜ	물	[u]	mundo
ㅠ	슈퍼	[ju]	ciudad
ㅡ	음악	[ɪ]	abismo
ㅣ	길	[i], [iː]	tranquilo
ㅐ	뱀	[ɛ], [ɛː]	buceo
ㅒ	애기	[je]	miércoles
ㅔ	펜	[e]	verano
ㅖ	계산	[je]	miércoles
ㅘ	왕	[wa]	aduanero
ㅙ	왜	[ʊə]	huerta
ㅚ	회의	[ø], [we]	alemán Hölle, inglés - web
ㅝ	권	[uɔ]	antiguo
ㅞ	웬	[ʊə]	huerta
ㅟ	쥐	[wi]	kiwi
ㅢ	거의	[ɯi]	combinación [ɪi]

Comentarios

[1] al principio de una palabra
[2] entre sonidos sonoros
[3] al principio de una palabra
[4] entre sonidos sonoros
[5] al principio de una sílaba
[6] al final de una sílaba
[7] al principio de una palabra
[8] entre sonidos sonoros
[9] al principio de una sílaba
[10] al final de una sílaba
[11] al final de una sílaba
[12] al principio de una palabra
[13] entre sonidos sonoros

LISTA DE ABREVIATURAS

Abreviatura en español

adj	-	adjetivo
adv	-	adverbio
anim.	-	animado
conj	-	conjunción
etc.	-	etcétera
f	-	sustantivo femenino
f pl	-	femenino plural
fam.	-	uso familiar
fem.	-	femenino
form.	-	uso formal
inanim.	-	inanimado
innum.	-	innumerable
m	-	sustantivo masculino
m pl	-	masculino plural
m, f	-	masculino, femenino
masc.	-	masculino
mat	-	matemáticas
mil.	-	militar
num.	-	numerable
p.ej.	-	por ejemplo
pl	-	plural
pron	-	pronombre
sg	-	singular
v aux	-	verbo auxiliar
vi	-	verbo intransitivo
vi, vt	-	verbo intransitivo, verbo transitivo
vr	-	verbo reflexivo
vt	-	verbo transitivo

GUÍA DE CONVERSACIÓN COREANO

Esta sección contiene frases importantes que pueden resultar útiles en varias situaciones de la vida real. La Guía le ayudará a pedir direcciones, aclaración sobre precio, comprar billetes, y pedir alimentos en un restaurante

T&P Books Publishing

CONTENIDO DE LA GUÍA DE CONVERSACIÓN

T&P Books Publishing

Lo más imprescindible

Perdone, …
실례합니다, …
sil-lye-ham-ni-da, …

Hola.
안녕하세요.
an-nyeong-ha-se-yo.

Gracias.
감사합니다.
gam-sa-ham-ni-da.

Sí.
네.
ne.

No.
아니오.
a-ni-o.

No lo sé.
모르겠어요.
mo-reu-ge-seo-yo.

¿Dónde? | ¿A dónde? | ¿Cuándo?
어디예요? | 어디까지 가세요? |
언제요?
eo-di-ye-yo? | eo-di-kka-ji ga-se-yo? |
eon-je-yo?

Necesito …
… 필요해요.
… pi-ryo-hae-yo.

Quiero …
… 싶어요.
… si-peo-yo.

¿Tiene …?
… 있으세요?
… i-seu-se-yo?

¿Hay … por aquí?
여기 … 있어요?
yeo-gi … i-seo-yo?

¿Puedo …?
…해도 되나요?
… hae-do doe-na-yo?

…, por favor? (petición educada)
…, 부탁합니다.
…, bu-tak-am-ni-da.

Busco …
… 찾고 있어요.
… chat-go i-seo-yo.

el servicio
화장실
hwa-jang-sil

un cajero automático
현금인출기
hyeon-geum-in-chul-gi

una farmacia
약국
yak-guk

el hospital
병원
byeong-won

la comisaría
경찰서
gyeong-chal-seo

el metro
지하철
ji-ha-cheol

un taxi	택시
	taek-si
la estación de tren	기차역
	gi-cha-yeok

Me llamo ...	제 이름은 … 입니다.
	je i-reu-meun … im-ni-da.
¿Cómo se llama?	성함이 어떻게 되세요?
	seong-ham-i eo-tteo-ke doe-se-yo?
¿Puede ayudarme, por favor?	도와주세요.
	do-wa-ju-se-yo.
Tengo un problema.	문제가 있어요.
	mun-je-ga i-seo-yo.
Me encuentro mal.	몸이 안 좋아요.
	mom-i an jo-a-yo.
¡Llame a una ambulancia!	구급차를 불러 주세요!
	gu-geup-cha-reul bul-leo ju-se-yo!
¿Puedo llamar, por favor?	전화를 써도 되나요?
	jeon-hwa-reul sseo-do doe-na-yo?

Lo siento.	죄송합니다.
	joe-song-ham-ni-da.
De nada.	천만에요.
	cheon-man-e-yo.

Yo	저
	jeo
tú	너
	neo
él	그
	geu
ella	그녀
	geu-nyeo
ellos	그들
	geu-deul
ellas	그들
	geu-deul
nosotros /nosotras/	우리
	u-ri
ustedes, vosotros	너희
	neo-hui
usted	당신
	dang-sin

ENTRADA	입구
	ip-gu
SALIDA	출구
	chul-gu
FUERA DE SERVICIO	고장
	go-jang
CERRADO	닫힘
	da-chim

ABIERTO	열림
	yeol-lim
PARA SEÑORAS	여성용
	yeo-seong-yong
PARA CABALLEROS	남성용
	nam-seong-yong

Preguntas

¿Dónde?	어디예요? eo-di-ye-yo?
¿A dónde?	어디까지 가세요? eo-di-kka-ji ga-se-yo?
¿De dónde?	어디에서요? eo-di-e-seo-yo?
¿Por qué?	왜요? wae-yo?
¿Con que razón?	무슨 이유에서요? mu-seun i-yu-e-seo-yo?
¿Cuándo?	언제요? eon-je-yo?

¿Cuánto tiempo?	얼마나요? eol-ma-na-yo?
¿A qué hora?	몇 시에요? myeot si-e-yo?
¿Cuánto?	얼마예요? eol-ma-ye-yo?
¿Tiene ...?	··· 있으세요? ... i-seu-se-yo?
¿Dónde está ...?	··· 어디 있어요? ... eo-di i-seo-yo?

¿Qué hora es?	지금 몇 시예요? ji-geum myeot si-ye-yo?
¿Puedo llamar, por favor?	전화를 써도 되나요? jeon-hwa-reul sseo-do doe-na-yo?
¿Quién es?	누구세요? nu-gu-se-yo?
¿Se puede fumar aquí?	담배를 피워도 되나요? dam-bae-reul pi-wo-do doe-na-yo?
¿Puedo ...?	··· 되나요? ... doe-na-yo?

Necesidades

Quisiera …	… 하고 싶어요.
	… ha-go si-peo-yo.
No quiero …	… 하기 싫어요.
	… ha-gi si-reo-yo.
Tengo sed.	목이 말라요.
	mo-gi mal-la-yo.
Tengo sueño.	자고 싶어요.
	ja-go si-peo-yo.

Quiero …	… 싶어요.
	… si-peo-yo.
lavarme	씻고
	ssit-go
cepillarme los dientes	이를 닦고
	i-reul dak-go
descansar un momento	쉬고
	swi-go
cambiarme de ropa	옷을 갈아입고
	os-eul ga-ra-ip-go

volver al hotel	호텔로 돌아가고
	ho-tel-lo do-ra-ga-go
comprar …	… 사고
	… sa-go
ir a …	…에 가고
	…e ga-go
visitar …	…에 방문하고
	…e bang-mun-ha-go
quedar con …	… 만나고
	… man-na-go
hacer una llamada	전화를 걸고
	jeon-hwa-reul geol-go

Estoy cansado /cansada/.	저는 지쳤어요.
	jeo-neun ji-chyeo-seo-yo.
Estamos cansados /cansadas/.	우리는 지쳤어요.
	u-ri-neun ji-chyeo-seo-yo.
Tengo frío.	추워요.
	chu-wo-yo.
Tengo calor.	더워요.
	deo-wo-yo.
Estoy bien.	괜찮아요.
	gwaen-cha-na-yo.

Tengo que hacer una llamada.　　　전화를 걸어야 해요.
　　　　　　　　　　　　　　　　jeon-hwa-reul geo-reo-ya hae-yo.

Necesito ir al servicio.　　　　　화장실에 가야 해요.
　　　　　　　　　　　　　　　　hwa-jang-si-re ga-ya hae-yo.

Me tengo que ir.　　　　　　　　가야 해요.
　　　　　　　　　　　　　　　　ga-ya hae-yo.

Me tengo que ir ahora.　　　　　지금 가야 해요.
　　　　　　　　　　　　　　　　ji-geum ga-ya hae-yo.

Preguntar por direcciones

Perdone, …	실례합니다, … sil-lye-ham-ni-da, …
¿Dónde está …?	… 어디 있어요? … eo-di i-seo-yo?
¿Por dónde está …?	… 어느 쪽이에요? … eo-neu jjo-gi-ye-yo?
¿Puede ayudarme, por favor?	도와주실 수 있어요? do-wa-ju-sil su i-seo-yo?
Busco …	… 찾고 있어요. … chat-go i-seo-yo.
Busco la salida.	출구를 찾고 있어요. chul-gu-reul chat-go i-seo-yo.
Voy a …	…에 가고 있어요. … e ga-go i-seo-yo.
¿Voy bien por aquí para …?	…에 가는데 이 길이 맞아요? …e ga-neun-de i gi-ri ma-ja-yo?
¿Está lejos?	먼가요? meon-ga-yo?
¿Puedo llegar a pie?	걸어갈 수 있어요? geo-reo-gal su i-seo-yo?
¿Puede mostrarme en el mapa?	지도에서 보여주실 수 있어요? ji-do-e-seo bo-yeo-ju-sil su i-seo-yo?
Por favor muestreme dónde estamos.	지금 우리가 있는 곳을 보여주세요. ji-geum u-ri-ga in-neun gos-eul bo-yeo-ju-se-yo.
Aquí	여기 yeo-gi
Allí	거기 geo-gi
Por aquí	이 길 i gil
Gire a la derecha.	오른쪽으로 가세요. o-reun-jjo-geu-ro ga-se-yo.
Gire a la izquierda.	왼쪽으로 가세요. oen-jjo-geu-ro ga-se-yo.
la primera (segunda, tercera) calle	첫 번째 (두 번째, 세 번째) 골목 cheot beon-jjae (du beon-jjae, se beon-jjae) gol-mok

a la derecha

오른쪽으로
o-reun-jjo-geu-ro

a la izquierda

왼쪽으로
oen-jjo-geu-ro

Siga recto.

직진하세요.
jik-jin-ha-se-yo.

Carteles

¡BIENVENIDO!	환영! hwa-nyeong!
ENTRADA	입구 ip-gu
SALIDA	출구 chul-gu
EMPUJAR	미세요 mi-se-yo
TIRAR	당기세요 dang-gi-se-yo
ABIERTO	열림 yeol-lim
CERRADO	닫힘 da-chim
PARA SEÑORAS	여성용 yeo-seong-yong
PARA CABALLEROS	남성용 nam-seong-yong
CABALLEROS	남성 (남) nam-seong (nam)
SEÑORAS	여성 (여) yeo-seong (yeo)
REBAJAS	할인 ha-rin
VENTA	세일 se-il
GRATIS	무료 mu-ryo
¡NUEVO!	신상품! sin-sang-pum!
ATENCIÓN	주의! ju-ui!
COMPLETO	빈 방 없음 bin bang eop-seum
RESERVADO	예약석 ye-yak-seok
ADMINISTRACIÓN	사무실 sa-mu-sil
SÓLO PERSONAL AUTORIZADO	직원 전용 ji-gwon jeo-nyong

CUIDADO CON EL PERRO

개조심!
gae-jo-sim!

NO FUMAR

금연!
geu-myeon!

NO TOCAR

만지지 마세요!
man-ji-ji ma-se-yo!

PELIGROSO

위험
wi-heom

PELIGRO

위험
wi-heom

ALTA TENSIÓN

고압 전류
go-ap jeol-lyu

PROHIBIDO BAÑARSE

수영금지!
su-yeong-geum-ji!

FUERA DE SERVICIO

고장
go-jang

INFLAMABLE

가연성
ga-yeon-seong

PROHIBIDO

금지
geum-ji

PROHIBIDO EL PASO

무단횡단 금지
mu-dan-hoeng-dan geum-ji

RECIÉN PINTADO

젖은 페인트
jeo-jeun pe-in-teu

CERRADO POR RENOVACIÓN

공사중
gong-sa-jung

EN OBRAS

전방 공사중
jeon-bang gong-sa-jung

DESVÍO

우회 도로
u-hoe do-ro

Transporte. Frases generales

el avión	비행기 bi-haeng-gi
el tren	기차 gi-cha
el bus	버스 beo-seu
el ferry	페리 pe-ri
el taxi	택시 taek-si
el coche	자동차 ja-dong-cha
el horario	시간표 si-gan-pyo
¿Dónde puedo ver el horario?	시간표는 어디서 볼 수 있어요? si-gan-pyo-neun eo-di-seo bol su i-seo-yo?
días laborables	평일 pyeong-il
fines de semana	주말 ju-mal
días festivos	휴일 hyu-il
SALIDA	출발 chul-bal
LLEGADA	도착 do-chak
RETRASADO	지연 ji-yeon
CANCELADO	취소 chwi-so
siguiente (tren, etc.)	다음 da-eum
primero	첫 번째 cheot beon-jjae
último	마지막 ma-ji-mak

¿Cuándo pasa el siguiente ...? 다음 … 언제인가요?
da-eum ... eon-je-in-ga-yo?

¿Cuándo pasa el primer ...? 첫 … 언제인가요?
cheot ... eon-je-in-ga-yo?

¿Cuándo pasa el último ...? 마지막 … 언제인가요?
ma-ji-mak ... eon-je-in-ga-yo?

---

el trasbordo (cambio de trenes, etc.) 환승
hwan-seung

hacer un trasbordo 환승하다
hwan-seung-ha-da

¿Tengo que hacer un trasbordo? 환승해야 해요?
hwan-seung-hae-ya hae-yo?

Comprar billetes

¿Dónde puedo comprar un billete?	표는 어디서 사나요? pyo-neun eo-di-seo sa-na-yo?
el billete	표 pyo
comprar un billete	표를 사다 pyo-reul sa-da
precio del billete	표 가격 pyo ga-gyeok
¿Para dónde?	어디까지 가세요? eo-di-kka-ji ga-se-yo?
¿A qué estación?	어느 역까지 가세요? eo-neu yeok-kka-ji ga-se-yo?
Necesito ...	··· 필요해요. ... pi-ryo-hae-yo.
un billete	표 한 장 pyo han jang
dos billetes	표 두 장 pyo du jang
tres billetes	표 세 장 pyo se jang
sólo ida	편도 pyeon-do
ida y vuelta	왕복 wang-bok
en primera (primera clase)	일등석 il-deung-seok
en segunda (segunda clase)	이등석 i-deung-seok
hoy	오늘 o-neul
mañana	내일 nae-il
pasado mañana	모레 mo-re
por la mañana	아침에 a-chim-e
por la tarde	오후에 o-hu-e
por la noche	저녁에 jeo-nyeo-ge

asiento de pasillo

복도 좌석
bok-do jwa-seok

asiento de ventanilla

창가 좌석
chang-ga jwa-seok

¿Cuánto cuesta?

얼마예요?
eol-ma-ye-yo?

¿Puedo pagar con tarjeta?

신용카드 돼요?
si-nyong-ka-deu dwae-yo?

Autobús

el autobús	버스 beo-seu
el autobús interurbano	시외버스 si-oe-beo-seu
la parada de autobús	버스 정류장 beo-seu jeong-nyu-jang
¿Dónde está la parada de autobuses más cercana?	가까운 버스 정류장이 어디예요? ga-kka-un beo-seu jeong-nyu-jang-i eo-di-ye-yo?
número	번호 beon-ho
¿Qué autobús tengo que tomar para …?	…에 가려면 어느 버스를 타야 해요? … e ga-ryeo-myeon eo-neu beo-seu-reul ta-ya hae-yo?
¿Este autobús va a …?	이 버스 … 가요? i beo-seu … ga-yo?
¿Cada cuanto pasa el autobús?	버스는 얼마나 자주 와요? beo-seu-neun eol-ma-na ja-ju wa-yo?

cada 15 minutos	십오 분 마다 si-bo bun ma-da
cada media hora	삼십 분 마다 sam-sip bun ma-da
cada hora	한 시간 마다 han si-gan ma-da
varias veces al día	하루에 여러 번 ha-ru-e yeo-reo beon
… veces al día	하루에 …번 ha-ru-e …beon

el horario	시간표 si-gan-pyo
¿Dónde puedo ver el horario?	시간표는 어디서 볼 수 있어요? si-gan-pyo-neun eo-di-seo bol su i-seo-yo?
¿Cuándo pasa el siguiente autobús?	다음 버스는 언제인가요? da-eum beo-seu-neun eon-je-in-ga-yo?
¿Cuándo pasa el primer autobús?	첫 버스는 언제인가요? cheot beo-seu-neun eon-je-in-ga-yo?

¿Cuándo pasa el último autobús?	마지막 버스는 언제인가요?
	ma-ji-mak beo-seu-neun eon-je-in-ga-yo?
la parada	정류장
	jeong-nyu-jang
la siguiente parada	다음 정류장
	da-eum jeong-nyu-jang
la última parada	종점
	jong-jeom
Pare aquí, por favor.	여기에 세워 주세요.
	yeo-gi-e se-wo ju-se-yo.
Perdone, esta es mi parada.	실례합니다, 저 여기서 내려요.
	sil-lye-ham-ni-da, jeo yeo-gi-seo nae-ryeo-yo.

Tren

el tren	기차 gi-cha
el tren de cercanías	교외 전차 gyo-oe jeon-cha
el tren de larga distancia	장거리 기차 jang-geo-ri gi-cha
la estación de tren	기차역 gi-cha-yeok
Perdone, ¿dónde está la salida al anden?	실례합니다, 플랫폼으로 가는 출구가 어디인가요? sil-lye-ham-ni-da, peul-laet-po-meu-ro ga-neun chul-gu-ga eo-di-in-ga-yo?
¿Este tren va a …?	이 기차 …에 가요? i gi-cha ...e ga-yo?
el siguiente tren	다음 기차 da-eum gi-cha
¿Cuándo pasa el siguiente tren?	다음 기차는 언제인가요? da-eum gi-cha-neun eon-je-in-ga-yo?
¿Dónde puedo ver el horario?	시간표는 어디서 볼 수 있어요? si-gan-pyo-neun eo-di-seo bol su i-seo-yo?
¿De qué andén?	어느 플랫폼에서 출발해요? eo-neu peul-laet-pom-e-seo chul-bal-hae-yo?
¿Cuándo llega el tren a …?	기차가 …에 언제 도착해요? gi-cha-ga ...e eon-je do-chak-ae-yo?
Ayudeme, por favor.	도와주세요. do-wa-ju-se-yo.
Busco mi asiento.	제 좌석을 찾고 있어요. je jwa-seo-geul chat-go i-seo-yo.
Buscamos nuestros asientos.	우리 좌석을 찾고 있어요. u-ri jwa-seo-geul chat-go i-seo-yo.
Mi asiento está ocupado.	제 좌석에 다른 사람이 있어요. je jwa-seo-ge da-reun sa-ram-i i-seo-yo.
Nuestros asientos están ocupados.	우리 좌석에 다른 사람이 있어요. u-ri jwa-seo-ge da-reun sa-ram-i i-seo-yo.

Perdone, pero ese es mi asiento.	죄송하지만 여긴 제 좌석이에요. joe-song-ha-ji-man nyeo-gin je jwa-seo-gi-ye-yo.
¿Está libre?	이 좌석 비었나요? i jwa-seok bi-eon-na-yo?
¿Puedo sentarme aquí?	여기 앉아도 되나요? yeo-gi an-ja-do doe-na-yo?

En el tren. Diálogo (Sin billete)

Su billete, por favor.
표 보여주세요.
pyo bo-yeo-ju-se-yo.

No tengo billete.
표가 없어요.
pyo-ga eop-seo-yo.

He perdido mi billete.
표를 잃어버렸어요.
pyo-reul ri-reo-beo-ryeo-seo-yo.

He olvidado mi billete en casa.
표를 집에 두고 왔어요.
pyo-reul ji-be du-go wa-seo-yo.

Le puedo vender un billete.
저한테 표를 사실 수 있어요.
jeo-han-te pyo-reul sa-sil su i-seo-yo.

También deberá pagar una multa.
벌금도 내셔야 해요.
beol-geum-do nae-syeo-ya hae-yo.

Vale.
알았어요.
a-ra-seo-yo.

¿A dónde va usted?
어디까지 가세요?
eo-di-kka-ji ga-se-yo?

Voy a …
…에 가고 있어요.
… e ga-go i-seo-yo.

¿Cuánto es? No lo entiendo.
얼마예요? 못 알아들었어요.
eol-ma-ye-yo? mot a-ra-deu-reo-seo-yo.

Escríbalo, por favor.
적어 주세요.
jeo-geo ju-se-yo.

Vale. ¿Puedo pagar con tarjeta?
알았어요. 신용카드 돼요?
a-ra-seo-yo. si-nyong-ka-deu dwae-yo?

Sí, puede.
네, 돼요.
ne, dwae-yo.

Aquí está su recibo.
영수증 여기 있어요.
yeong-su-jeung yeo-gi i-seo-yo.

Disculpe por la multa.
벌금을 내게 되어서
유감이예요.
beol-geu-meul lae-ge doe-eo-seo
yu-gam-i-ye-yo.

No pasa nada. Fue culpa mía.
괜찮아요. 제 잘못이예요.
gwaen-cha-na-yo. je jal-mo-si-ye-yo.

Disfrute su viaje.
즐거운 여행 되세요.
jeul-geo-un nyeo-haeng doe-se-yo.

Taxi

taxi	택시 taek-si
taxista	택시 운전사 taek-si un-jeon-sa
coger un taxi	택시를 잡다 taek-si-reul jap-da
parada de taxis	택시 정류장 taek-si jeong-nyu-jang
¿Dónde puedo coger un taxi?	어디서 택시를 탈 수 있어요? eo-di-seo taek-si-reul tal su i-seo-yo?
llamar a un taxi	택시를 부르다. taek-si-reul bu-reu-da.
Necesito un taxi.	택시가 필요해요. taek-si-ga pi-ryo-hae-yo.
Ahora mismo.	지금 당장. ji-geum dang-jang.
¿Cuál es su dirección?	주소가 어디예요? ju-so-ga eo-di-ye-yo?
Mi dirección es ...	제 주소는 …예요. je ju-so-neun ...ye-yo.
¿Cuál es el destino?	목적지가 어디예요? mok-jeok-ji-ga eo-di-ye-yo?
Perdone, ...	실례합니다, … sil-lye-ham-ni-da, ...
¿Está libre?	타도 돼요? ta-do dwae-yo?
¿Cuánto cuesta ir a ...?	…까지 얼마예요? ...kka-ji eol-ma-ye-yo?
¿Sabe usted dónde está?	여기가 어딘지 아세요? yeo-gi-ga eo-din-ji a-se-yo?
Al aeropuerto, por favor.	공항까지 가 주세요. gong-hang-kka-ji ga ju-se-yo.
Pare aquí, por favor.	여기에 세워 주세요. yeo-gi-e se-wo ju-se-yo.
No es aquí.	여기가 아니예요. yeo-gi-ga a-ni-ye-yo.
La dirección no es correcta.	잘못된 주소예요. jal-mot-doen ju-so-ye-yo.
Gire a la izquierda.	왼쪽으로 가세요. oen-jjo-geu-ro ga-se-yo.
Gire a la derecha.	오른쪽으로 가세요. o-reun-jjo-geu-ro ga-se-yo.

¿Cuánto le debo?	얼마 내야 해요? eol-ma nae-ya hae-yo?
¿Me da un recibo, por favor?	영수증 주세요. yeong-su-jeung ju-se-yo.
Quédese con el cambio.	잔돈은 가지세요. jan-do-neun ga-ji-se-yo.

Espéreme, por favor.	기다려 주시겠어요? gi-da-ryeo ju-si-ge-seo-yo?
cinco minutos	오 분 o-bun
diez minutos	십분 sip-bun
quince minutos	십오 분 si-bo bun
veinte minutos	이십분 i-sip-bun
media hora	삼십분 sam-sip bun

Hotel

Hola.	안녕하세요. an-nyeong-ha-se-yo.
Me llamo ...	제 이름은 … 입니다. je i-reu-meun ... im-ni-da.
Tengo una reserva.	예약했어요. ye-yak-ae-seo-yo.
Necesito ...	… 필요해요. … pi-ryo-hae-yo.
una habitación individual	싱글 룸 하나 sing-geul lum ha-na
una habitación doble	더블 룸 하나 deo-beul lum ha-na
¿Cuánto cuesta?	저건 얼마예요? jeo-geon eol-ma-ye-yo?
Es un poco caro.	그건 조금 비싸요. geu-geon jo-geum bi-ssa-yo.
¿Tiene alguna más?	다른 옵션 있어요? da-reun op-syeon i-seo-yo?
Me quedo.	그걸로 할게요. geu-geol-lo hal-ge-yo.
Pagaré en efectivo.	현금으로 낼게요. hyeon-geu-meu-ro nael-ge-yo.
Tengo un problema.	문제가 있어요. mun-je-ga i-seo-yo
Mi ... no funciona.	제 … 망가졌어요. je ... mang-ga-jyeo-seo-yo.
Mi ... está fuera de servicio.	제 … 고장났어요. je ... go-jang-na-seo-yo.
televisión	텔레비전 tel-le-bi-jeon
aire acondicionado	에어컨 e-eo-keon
grifo	수도꼭지 su-do-kkok-ji
ducha	샤워기 sya-wo-gi
lavabo	세면대 se-myeon-dae
caja fuerte	금고 geum-go

cerradura

도어락
do-eo-rak

enchufe

콘센트
kon-sen-teu

secador de pelo

헤어 드라이어
he-eo deu-ra-i-eo

No tengo …

··· 안 나와요.
… an na-wa-yo.

agua

물
mul

luz

전등
jeon-deung

electricidad

전기
jeon-gi

¿Me puede dar …?

··· 주실 수 있어요?
… ju-sil su i-seo-yo?

una toalla

수건
su-geon

una sábana

담요
da-myo

unas chanclas

슬리퍼
seul-li-peo

un albornoz

가운
ga-un

un champú

샴푸
syam-pu

jabón

비누
bi-nu

Quisiera cambiar de habitación.

방을 바꾸고 싶어요.
bang-eul ba-kku-go si-peo-yo.

No puedo encontrar mi llave.

열쇠를 못 찾겠어요.
yeol-soe-reul mot chat-ge-seo-yo.

Por favor abra mi habitación.

제 방 문을 열어주실
수 있어요?
je bang mu-neul ryeo-reo-ju-sil
su i-seo-yo?

¿Quién es?

누구세요?
nu-gu-se-yo?

¡Entre!

들어오세요!
deu-reo-o-se-yo!

¡Un momento!

잠깐만요!
jam-kkan-ma-nyo!

Ahora no, por favor.

지금 당장은 안돼요.
ji-geum dang-jang-eun an-dwae-yo.

Venga a mi habitación, por favor.

제 방으로 와 주세요.
je bang-eu-ro wa ju-se-yo.

Quisiera hacer un pedido.

룸서비스를 받고 싶어요.
rum-seo-bi-seu-reul bat-go si-peo-yo.

Mi número de habitación es …	제 방 번호는 …예요. je bang beon-ho-neun …ye-yo.
Me voy …	저는 …에 떠나요. jeo-neun … e tteo-na-yo.
Nos vamos …	우리는 …에 떠나요. u-ri-neun …e tteo-na-yo.
Ahora mismo	지금 당장 ji-geum dang-jang
esta tarde	오늘 오후 o-neul ro-hu
esta noche	오늘밤 o-neul-bam
mañana	내일 nae-il
mañana por la mañana	내일 아침 nae-il ra-chim
mañana por la noche	내일 저녁 nae-il jeo-nyeok
pasado mañana	모레 mo-re

Quisiera pagar la cuenta.	계산하고 싶어요. gye-san-ha-go si-peo-yo.
Todo ha estado estupendo.	전부 다 아주 좋았어요. jeon-bu da a-ju jo-a-seo-yo.
¿Dónde puedo coger un taxi?	어디서 택시를 탈 수 있어요? eo-di-seo taek-si-reul tal su i-seo-yo?
¿Puede llamarme un taxi, por favor?	택시 불러주실 수 있어요? taek-si bul-leo-ju-sil su i-seo-yo?

Restaurante

¿Puedo ver el menú, por favor?	메뉴판 볼 수 있어요? me-nyu-pan bol su i-seo-yo?
Mesa para uno.	한 명이요. han myeong-i-yo.
Somos dos (tres, cuatro).	두 (세, 네) 명이요. du (se, ne) myeong-i-yo.

Para fumadores	흡연 heu-byeon
Para no fumadores	금연 geu-myeon
¡Por favor! (llamar al camarero)	저기요! jeo-gi-yo!
la carta	메뉴판 me-nyu-pan
la carta de vinos	와인 리스트 wa-in li-seu-teu
La carta, por favor.	메뉴판 주세요. me-nyu-pan ju-se-yo.

¿Está listo para pedir?	주문하시겠어요? ju-mun-ha-si-ge-seo-yo?
¿Qué quieren pedir?	어떤 걸로 하시겠어요? eo-tteon geol-lo ha-si-ge-seo-yo?
Yo quiero …	저는 … 할게요. jeo-neun ... hal-ge-yo.

Soy vegetariano.	저는 채식주의자예요. jeo-neun chae-sik-ju-ui-ja-ye-yo.
carne	고기 go-gi
pescado	생선 saeng-seon
verduras	채소 chae-so
¿Tiene platos para vegetarianos?	채식 메뉴 있어요? chae-sik me-nyu i-seo-yo?

No como cerdo.	돼지고기 못 먹어요. dwae-ji-go-gi mot meo-geo-yo.
Él /Ella/ no come carne.	그는 /그녀는/ 고기 못 드세요. geu-neun /geu-nyeo-neun/ go-gi mot deu-se-yo.

Soy alérgico a ...

저 ···에 알러지 있어요.
jeo ...e al-leo-ji i-seo-yo.

¿Me puede traer ..., por favor?

··· 가져다 주시겠어요?
... ga-jyeo-da ju-si-ge-seo-yo?

sal | pimienta | azúcar

소금 | 후추 | 설탕
so-geum | hu-chu | seol-tang

café | té | postre

커피 | 차 | 디저트
keo-pi | cha | di-jeo-teu

agua | con gas | sin gas

물 | 탄산수 | 생수
mul | tan-san-su | saeng-su

una cuchara | un tenedor | un cuchillo

숟가락 | 포크 | 나이프
sut-ga-rak | po-keu | na-i-peu

un plato | una servilleta

앞접시 | 휴지
ap-jeop-si | hyu-ji

¡Buen provecho!

맛있게 드세요!
man-nit-ge deu-se-yo!

Uno más, por favor.

하나 더 주세요.
ha-na deo ju-se-yo.

Estaba delicioso.

아주 맛있었어요.
a-ju man-ni-seo-seo-yo.

---

la cuenta | el cambio | la propina

계산서 | 거스름돈 | 팁
gye-san-seo | geo-seu-reum-don | tip

La cuenta, por favor.

계산서 주세요.
gye-san-seo ju-se-yo.

¿Puedo pagar con tarjeta?

신용카드 돼요?
si-nyong-ka-deu dwae-yo?

Perdone, aquí hay un error.

죄송한데 여기
잘못됐어요.
joe-song-han-de yeo-gi
jal-mot-dwae-seo-yo.

De Compras

¿Puedo ayudarle?	도와드릴까요? do-wa-deu-ril-kka-yo?
¿Tiene …?	… 있으세요? … i-seu-se-yo?
Busco …	… 찾고 있어요. … chat-go i-seo-yo.
Necesito …	… 필요해요. … pi-ryo-hae-yo.

Sólo estoy mirando.	그냥 구경중이예요. geu-nyang gu-gyeong-jung-i-ye-yo.
Sólo estamos mirando.	우리 그냥 구경중이예요. u-ri geu-nyang gu-gyeong-jung-i-ye-yo.
Volveré más tarde.	나중에 다시 올게요. na-jung-e da-si ol-ge-yo.
Volveremos más tarde.	우리 나중에 다시 올게요. u-ri na-jung-e da-si ol-ge-yo.
descuentos	oferta	할인	세일 ha-rin	se-il

Por favor, enséñeme …	… 보여주세요. … bo-yeo-ju-se-yo.
¿Me puede dar …, por favor?	… 주세요. … ju-se-yo.
¿Puedo probarmelo?	입어봐도 돼요? i-beo-bwa-do dwae-yo?
Perdone, ¿dónde están los probadores?	실례합니다, 피팅 룸 어디 있어요? sil-lye-ham-ni-da, pi-ting num eo-di i-seo-yo?
¿Qué color le gustaría?	다른 색도 있어요? da-reun saek-do i-seo-yo?
la talla	el largo	사이즈	길이 sa-i-jeu	gi-ri
¿Cómo le queda? (¿Está bien?)	이거 저한테 맞아요? i-geo jeo-han-te ma-ja-yo?

¿Cuánto cuesta esto?	얼마예요? eol-ma-ye-yo?
Es muy caro.	너무 비싸요. neo-mu bi-ssa-yo.
Me lo llevo.	그걸로 할게요. geu-geol-lo hal-ge-yo.

Perdone, ¿dónde está la caja?

실례합니다, 계산 어디서
해요?
sil-lye-ham-ni-da, gye-san eo-di-seo
hae-yo?

¿Pagará en efectivo o con tarjeta?

현금으로 하시겠어요
카드로 하시겠어요?
hyeon-geu-meu-ro ha-si-ge-seo-yo
ka-deu-ro ha-si-ge-seo-yo?

en efectivo | con tarjeta

현금으로요 | 카드로요
hyeon-geu-meu-ro-yo | ka-deu-ro-yo

¿Quiere el recibo?

영수증 드릴까요?
yeong-su-jeung deu-ril-kka-yo?

Sí, por favor.

네, 주세요.
ne, ju-se-yo.

No, gracias.

아니오, 괜찮아요.
a-ni-o, gwaen-cha-na-yo.

Gracias. ¡Que tenga un buen día!

감사합니다. 즐거운 하루
되세요!
gam-sa-ham-ni-da. jeul-geo-un ha-ru
doe-se-yo!

En la ciudad

Perdone, por favor.	실례합니다, 저기요. sil-lye-ham-ni-da, jeo-gi-yo.
Busco ...	… 찾고 있어요. … chat-go i-seo-yo.
el metro	지하철 ji-ha-cheol
mi hotel	제 호텔 je ho-tel
el cine	영화관 yeong-hwa-gwan
una parada de taxis	택시 정류장 taek-si jeong-nyu-jang

un cajero automático	현금인출기 hyeon-geum-in-chul-gi
una oficina de cambio	환전소 hwan-jeon-so
un cibercafé	피씨방 pi-ssi-bang
la calle ...	…로 …ro
este lugar	여기 yeo-gi

¿Sabe usted dónde está ...?	… 어디인지 아세요? … eo-di-in-ji a-se-yo?
¿Cómo se llama esta calle?	여기가 어디예요? yeo-gi-ga eo-di-ye-yo?
Muestreme dónde estamos ahora.	지금 우리가 있는 곳을 보여주세요. ji-geum u-ri-ga in-neun gos-eul bo-yeo-ju-se-yo.
¿Puedo llegar a pie?	걸어갈 수 있어요? geo-reo-gal su i-seo-yo?
¿Tiene un mapa de la ciudad?	시내 지도 있어요? si-nae ji-do i-seo-yo?

¿Cuánto cuesta la entrada?	입장권 얼마예요? ip-jang-gwon eol-ma-ye-yo?
¿Se pueden hacer fotos aquí?	사진 찍어도 돼요? sa-jin jji-geo-do dwae-yo?
¿Está abierto?	열었어요? yeo-reo-seo-yo?

¿A qué hora abren?

언제 열어요?
eon-je yeo-reo-yo?

¿A qué hora cierran?

언제 닫아요?
eon-je da-da-yo?

Dinero

dinero	돈 don
efectivo	현금 hyeon-geum
billetes	지폐 ji-pye
monedas	동전 dong-jeon
la cuenta | el cambio | la propina	계산서 | 거스름돈 | 팁 gye-san-seo | geo-seu-reum-don | tip

la tarjeta de crédito	카드 ka-deu
la cartera	지갑 ji-gap
comprar	사다 sa-da
pagar	내다 nae-da
la multa	벌금 beol-geum
gratis	무료 mu-ryo

¿Dónde puedo comprar ...?	··· 어디서 살 수 있어요? … eo-di-seo sal su i-seo-yo?
¿Está el banco abierto ahora?	은행 지금 열었어요? eun-haeng ji-geum myeo-reo-seo-yo?
¿A qué hora abre?	언제 열어요? eon-je yeo-reo-yo?
¿A qué hora cierra?	언제 닫아요? eon-je da-da-yo?

¿Cuánto cuesta?	얼마예요? eol-ma-ye-yo?
¿Cuánto cuesta esto?	이건 얼마예요? i-geon eol-ma-ye-yo?
Es muy caro.	너무 비싸요. neo-mu bi-ssa-yo.
Perdone, ¿dónde está la caja?	실례합니다, 계산 어디서 해요? sil-lye-ham-ni-da, gye-san eo-di-seo hae-yo?

La cuenta, por favor.

계산서 주세요.
gye-san-seo ju-se-yo.

¿Puedo pagar con tarjeta?

신용카드 돼요?
si-nyong-ka-deu dwae-yo?

¿Hay un cajero por aquí?

여기 현금인출기 있어요?
yeo-gi hyeon-geum-in-chul-gi i-seo-yo?

Busco un cajero automático.

현금 인출기를 찾고
있어요.
hyeon-geum in-chul-gi-reul chat-go
i-seo-yo.

Busco una oficina de cambio.

환전소 찾고 있어요.
hwan-jeon-so chat-go i-seo-yo.

Quisiera cambiar ...

··· 환전하고 싶어요.
... hwan-jeon-ha-go si-peo-yo.

¿Cuál es el tipo de cambio?

환율 얼마예요?
hwa-nyul reol-ma-ye-yo?

¿Necesita mi pasaporte?

여권 필요해요?
yeo-gwon pi-ryo-hae-yo?

Tiempo

¿Qué hora es?	지금 몇 시예요? ji-geum myeot si-ye-yo?
¿Cuándo?	언제요? eon-je-yo?
¿A qué hora?	몇 시예요? myeot si-e-yo?
ahora | luego | después de …	지금 | 나중에 | … 이후에 ji-geum | na-jung-e | … i-hu-e

la una	한 시 han si
la una y cuarto	한 시 십오 분 han si si-bo bun
la una y medio	한 시 삼십 분 han si sam-sip bun
las dos menos cuarto	한 시 사십오 분 han si sa-si-bo bun

una | dos | tres	한 | 두 | 세 han | du | se
cuatro | cinco | seis	네 | 다섯 | 여섯 ne | da-seot | yeo-seot
siete | ocho | nueve	일곱 | 여덟 | 아홉 il-gop | yeo-deol | a-hop
diez | once | doce	열 | 열한 | 열두 yeol | yeol-han | yeol-du

en …	… 안에 … an-e
cinco minutos	오분 o-bun
diez minutos	십분 sip-bun
quince minutos	십오분 si-bo bun
veinte minutos	이십분 i-sip-bun

media hora	삼십분 sam-sip bun
una hora	한 시간 han si-gan
por la mañana	아침에 a-chim-e

por la mañana temprano	아침 일찍 a-chim il-jjik
esta mañana	오늘 아침 o-neul ra-chim
mañana por la mañana	내일 아침 nae-il ra-chim

al mediodía	한낮에 han-na-je
por la tarde	오후에 o-hu-e
por la noche	저녁에 jeo-nyeo-ge
esta noche	오늘밤 o-neul-bam

por la noche	밤에 bam-e
ayer	어제 eo-je
hoy	오늘 o-neul
mañana	내일 nae-il
pasado mañana	모레 mo-re

¿Qué día es hoy?	오늘이 무슨 요일이예요? o-neu-ri mu-seun nyo-i-ri-ye-yo?
Es ...	··· 예요. ... ye-yo.
lunes	월요일 wo-ryo-il
martes	화요일 hwa-yo-il
miércoles	수요일 su-yo-il

jueves	목요일 mo-gyo-il
viernes	금요일 geu-myo-il
sábado	토요일 to-yo-il
domingo	일요일 i-ryo-il

Saludos. Presentaciones.

Hola.
안녕하세요.
an-nyeong-ha-se-yo.

Encantado /Encantada/ de conocerle.
만나서 기쁩니다.
man-na-seo gi-ppeum-ni-da.

Yo también.
저도요.
jeo-do-yo.

Le presento a …
… 소개합니다.
… so-gae-ham-ni-da.

Encantado.
만나서 반갑습니다.
man-na-seo ban-gap-seum-ni-da.

¿Cómo está?
잘 지내셨어요?
jal ji-nae-syeo-seo-yo?

Me llamo …
제 이름은 … 입니다.
je i-reu-meun … im-ni-da.

Se llama …
그의 이름은 … 예요.
geu-ui i-reu-meun … ye-yo.

Se llama …
그녀의 이름은 … 예요.
geu-nyeo-ui i-reu-meun … ye-yo.

¿Cómo se llama (usted)?
성함이 어떻게 되세요?
seong-ham-i eo-tteo-ke doe-se-yo?

¿Cómo se llama (él)?
그분 성함이 뭐예요?
geu-bun seong-ham-i mwo-ye-yo?

¿Cómo se llama (ella)?
그분 성함이 뭐예요?
geu-bun seong-ham-i mwo-ye-yo?

¿Cuál es su apellido?
성이 어떻게 되세요?
seong-i eo-tteo-ke doe-se-yo?

Puede llamarme …
… 라고 불러 주세요.
… ra-go bul-leo ju-se-yo.

¿De dónde es usted?
어디서 오셨어요?
eo-di-seo o-syeo-seo-yo?

Yo soy de ….
… 에서 왔어요.
… e-seo wa-seo-yo.

¿A qué se dedica?
무슨 일 하세요?
mu-seun il ha-se-yo?

¿Quién es?
이 분은 누구세요?
i bu-neun nu-gu-se-yo?

¿Quién es él?
그 분은 누구세요?
geu bu-neun nu-gu-se-yo?

¿Quién es ella?
그 분은 누구세요?
geu bu-neun nu-gu-se-yo?

¿Quiénes son?
그 분들은 누구세요?
geu bun-deu-reun nu-gu-se-yo?

Este es ...

이 쪽은 ··· 예요.
i jjo-geun ... ye-yo.

mi amigo

제 친구
je chin-gu

mi amiga

제 친구
je chin-gu

mi marido

제 남편
je nam-pyeon

mi mujer

제 아내
je a-nae

mi padre

제 아버지
je a-beo-ji

mi madre

제 어머니
je eo-meo-ni

mi hijo

제 아들
je a-deul

mi hija

제 딸
je ttal

Este es nuestro hijo.

이 쪽은 우리 아들이예요.
i jjo-geun u-ri a-deu-ri-ye-yo.

Esta es nuestra hija.

이 쪽은 우리 딸이예요.
i jjo-geun u-ri tta-ri-ye-yo.

Estos son mis hijos.

이 쪽은 제 아이들이예요.
i jjo-geun je a-i-deu-ri-ye-yo.

Estos son nuestros hijos.

이 쪽은 우리 아이들이예요.
i jjo-geun u-ri a-i-deu-ri-ye-yo.

Despedidas

¡Adiós!　　안녕히 계세요!
an-nyeong-hi gye-se-yo!

¡Chau!　　안녕!
an-nyeong!

Hasta mañana.　　내일 만나요.
nae-il man-na-yo.

Hasta pronto.　　곧 만나요.
got man-na-yo.

Te veo a las siete.　　일곱 시에 만나요.
il-gop si-e man-na-yo.

¡Que se diviertan!　　재밌게 놀아!
jae-mit-ge no-ra!

Hablamos más tarde.　　나중에 봐.
na-jung-e bwa.

Que tengas un buen fin de semana.　　주말 잘 보내.
ju-mal jal bo-nae.

Buenas noches.　　안녕히 주무세요.
an-nyeong-hi ju-mu-se-yo.

Es hora de irme.　　갈 시간이에요.
gal si-gan-i-ye-yo.

Tengo que irme.　　가야 해요.
ga-ya hae-yo.

Ahora vuelvo.　　금방 다시 올게요.
geum-bang da-si ol-ge-yo.

Es tarde.　　늦었어요.
neu-jeo-seo-yo.

Tengo que levantarme temprano.　　일찍 일어나야 해요.
il-jjik gi-reo-na-ya hae-yo.

Me voy mañana.　　내일 떠나요.
nae-il tteo-na-yo.

Nos vamos mañana.　　우리는 내일 떠나요.
u-ri-neun nae-il tteo-na-yo.

¡Que tenga un buen viaje!　　즐거운 여행 되세요!
jeul-geo-un nyeo-haeng doe-se-yo!

Ha sido un placer.　　만나서 반가웠어요.
man-na-seo ban-ga-wo-seo-yo.

Fue un placer hablar con usted.　　이야기하느라 즐거웠어요.
i-ya-gi-ha-neu-ra jeul-geo-wo-seo-yo.

Gracias por todo.　　전부 다 감사합니다.
jeon-bu da gam-sa-ham-ni-da.

Lo he pasado muy bien.

아주 즐거웠어요.
a-ju jeul-geo-wo-seo-yo.

Lo pasamos muy bien.

우리는 아주 즐거웠어요.
u-ri-neun a-ju jeul-geo-wo-seo-yo.

Fue genial.

정말 멋졌어요.
jeong-mal meot-jyeo-seo-yo.

Le voy a echar de menos.

보고 싶을 거예요.
bo-go si-peul geo-ye-yo.

Le vamos a echar de menos.

우리는 당신이 보고 싶을
거예요.
u-ri-neun dang-sin-i bo-go si-peul
geo-ye-yo.

¡Suerte!

행운을 빌어!
haeng-u-neul bi-reo!

Saludos a ...

… 에게 안부 전해 주세요.
… e-ge an-bu jeon-hae ju-se-yo.

Idioma extranjero

No entiendo.
못 알아들었어요.
mot a-ra-deu-reo-seo-yo.

Escríbalo, por favor.
적어 주세요.
jeo-geo ju-se-yo.

¿Habla usted …?
… 하실 수 있어요?
… ha-sil su i-seo-yo?

Hablo un poco de …
저는 … 조금 할 수 있어요.
jeo-neun … jo-geum hal su i-seo-yo.

inglés
영어
yeong-eo

turco
터키어
teo-ki-eo

árabe
아랍어
a-ra-beo

francés
프랑스어
peu-rang-seu-eo

alemán
독일어
do-gi-reo

italiano
이탈리아어
i-tal-li-a-eo

español
스페인어
seu-pe-in-eo

portugués
포르투갈어
po-reu-tu-ga-reo

chino
중국어
jung-gu-geo

japonés
일본어
il-bon-eo

¿Puede repetirlo, por favor?
다시 한 번 말해 주세요.
da-si han beon mal-hae ju-se-yo.

Lo entiendo.
알아들었어요.
a-ra-deu-reo-seo-yo.

No entiendo.
못 알아들었어요.
mot a-ra-deu-reo-seo-yo.

Hable más despacio, por favor.
좀 더 천천히 말해
주세요.
jom deo cheon-cheon-hi mal-hae
ju-se-yo.

¿Está bien?　　　　　　　　　　이거 맞아요?
　　　　　　　　　　　　　　　i-geo ma-ja-yo?

¿Qué es esto? (¿Que significa esto?)　　이게 뭐예요?
　　　　　　　　　　　　　　　i-ge mwo-ye-yo?

Disculpas

Perdone, por favor.

실례합니다, 저기요.
sil-lye-ham-ni-da, jeo-gi-yo.

Lo siento.

죄송합니다.
joe-song-ham-ni-da.

Lo siento mucho.

정말 죄송합니다.
jeong-mal joe-song-ham-ni-da.

Perdón, fue culpa mía.

죄송해요, 제 잘못이예요.
joe-song-hae-yo, je jal-mo-si-ye-yo.

Culpa mía.

제 실수예요.
je sil-su-ye-yo.

¿Puedo ...?

…해도 되나요?
... hae-do doe-na-yo?

¿Le molesta si ...?

…해도 괜찮으세요?
...hae-do gwaen-cha-neu-se-yo?

¡No hay problema! (No pasa nada.)

괜찮아요.
gwaen-cha-na-yo.

Todo está bien.

괜찮아요.
gwaen-cha-na-yo.

No se preocupe.

걱정하지 마세요.
geok-jeong-ha-ji ma-se-yo.

Acuerdos

Sí.
네.
ne.

Sí, claro.
네, 물론입니다.
ne, mul-lon-im-ni-da.

Bien.
좋아요.
jo-a-yo.

Muy bien.
아주 좋아요.
a-ju jo-a-yo.

¡Claro que sí!
당연합니다!
dang-yeon-ham-ni-da!

Estoy de acuerdo.
동의해요.
dong-ui-hae-yo.

Es verdad.
정확해요.
jeong-hwak-ae-yo.

Es correcto.
그게 맞아요.
geu-ge ma-ja-yo.

Tiene razón.
당신이 맞아요.
dang-sin-i ma-ja-yo.

No me molesta.
저는 신경 쓰지 않아요.
jeo-neun sin-gyeong sseu-ji a-na-yo.

Es completamente cierto.
확실히 맞아요.
hwak-sil-hi ma-ja-yo.

Es posible.
가능해요.
ga-neung-hae-yo.

Es una buena idea.
좋은 생각이에요.
jo-eun saeng-ga-gi-ye-yo.

No puedo decir que no.
아니라고 할 수 없어요.
a-ni-ra-go hal su eop-seo-yo.

Estaré encantado /encantada/.
기쁘게 할게요.
gi-ppeu-ge hal-ge-yo.

Será un placer.
기꺼이요.
gi-kkeo-i-yo.

Rechazo. Expresar duda

No.
아니오.
a-ni-o.

Claro que no.
절대 아니예요.
jeol-dae a-ni-ye-yo.

No estoy de acuerdo.
동의할 수 없어요.
dong-ui-hal su eop-seo-yo.

No lo creo.
그렇게 생각 안 해요.
geu-reo-ke saeng-gak gan hae-yo.

No es verdad.
그렇지 않아요.
geu-reo-chi a-na-yo.

No tiene razón.
틀렸어요.
teul-lyeo-seo-yo.

Creo que no tiene razón.
틀리신 거 같아요.
teul-li-sin geo ga-ta-yo.

No estoy seguro /segura/.
잘 모르겠어요.
jal mo-reu-ge-seo-yo.

No es posible.
불가능해요.
bul-ga-neung-hae-yo.

¡Nada de eso!
그럴 리가요!
geu-reol li-ga-yo!

Justo lo contrario.
정 반대예요.
jeong ban-dae-ye-yo.

Estoy en contra de ello.
저는 반대예요.
jeo-neun ban-dae-ye-yo.

No me importa. (Me da igual.)
저는 신경 안 써요.
jeo-neun sin-gyeong an sseo-yo.

No tengo ni idea.
모르겠어요.
mo-reu-ge-seo-yo.

Dudo que sea así.
그건 아닌 것 같아요.
geu-geon a-nin geot ga-ta-yo.

Lo siento, no puedo.
죄송합니다. 못 해요.
joe-song-ham-ni-da. mot tae-yo.

Lo siento, no quiero.
죄송합니다. 하기 싫어요.
joe-song-ham-ni-da. ha-gi si-reo-yo.

Gracias, pero no lo necesito.
감사합니다, 하지만 필요
없어요.
gam-sa-ham-ni-da, ha-ji-man pi-ryo
eop-seo-yo.

Ya es tarde.

좀 늦었네요.
jom neu-jeon-ne-yo.

Tengo que levantarme temprano.

일찍 일어나야 해요.
il-jjik gi-reo-na-ya hae-yo.

Me encuentro mal.

몸이 안 좋아요.
mom-i an jo-a-yo.

Expresar gratitud

Gracias.
감사합니다.
gam-sa-ham-ni-da.

Muchas gracias.
대단히 감사합니다.
dae-dan-hi gam-sa-ham-ni-da.

De verdad lo aprecio.
정말로 감사히
생각해요.
jeong-mal-lo gam-sa-hi
saeng-gak-ae-yo.

Se lo agradezco.
당신에게 정말로
감사해요.
dang-sin-e-ge jeong-mal-lo
gam-sa-hae-yo.

Se lo agradecemos.
저희는 당신에게 정말로
감사해요.
jeo-hui-neun dang-sin-e-ge jeong-mal-lo
gam-sa-hae-yo.

Gracias por su tiempo.
시간 내 주셔서
감사합니다.
si-gan nae ju-syeo-seo
gam-sa-ham-ni-da.

Gracias por todo.
전부 다 감사합니다.
jeon-bu da gam-sa-ham-ni-da.

Gracias por ...
…에 대해 감사합니다.
...e dae-hae gam-sa-ham-ni-da.

su ayuda
도움
do-um

tan agradable momento
즐거운 시간
jeul-geo-un si-gan

una comida estupenda
훌륭한 식사
hul-lyung-han sik-sa

una velada tan agradable
만족스러운 저녁
man-jok-seu-reo-un jeo-nyeok

un día maravilloso
훌륭한 하루
hul-lyung-han ha-ru

un viaje increíble
근사한 여행
geun-sa-han nyeo-haeng

No hay de qué.
별 말씀을요.
byeol mal-sseu-meu-ryo.

De nada.
천만에요.
cheon-man-e-yo.

Siempre a su disposición.
언제든지요.
eon-je-deun-ji-yo.

Encantado /Encantada/ de ayudarle.

제가 즐거웠어요.
je-ga jeul-geo-wo-seo-yo.

No hay de qué.

됐어요.
dwae-seo-yo.

No tiene importancia.

걱정하지 마세요.
geok-jeong-ha-ji ma-se-yo.

Felicitaciones , Mejores Deseos

¡Felicidades!
축하합니다!
chuk-a-ham-ni-da!

¡Feliz Cumpleaños!
생일 축하합니다!
saeng-il chuk-a-ham-ni-da!

¡Feliz Navidad!
메리 크리스마스!
me-ri keu-ri-seu-ma-seu!

¡Feliz Año Nuevo!
새해 복 많이 받으세요!
sae-hae bok ma-ni ba-deu-se-yo!

¡Felices Pascuas!
즐거운 부활절 되세요!
jeul-geo-un bu-hwal-jeol doe-se-yo!

¡Feliz Hanukkah!
즐거운 하누카 되세요!
jeul-geo-un ha-nu-ka doe-se-yo!

Quiero brindar.
건배해요.
geon-bae-hae-yo.

¡Salud!
건배!
geon-bae!

¡Brindemos por ...!
··· 위하여!
... wi-ha-yeo!

¡A nuestro éxito!
성공을 위하여!
seong-gong-eul rwi-ha-yeo!

¡A su éxito!
성공을 위하여!
seong-gong-eul rwi-ha-yeo!

¡Suerte!
행운을 빌어!
haeng-u-neul bi-reo!

¡Que tenga un buen día!
좋은 하루 되세요!
jo-eun ha-ru doe-se-yo!

¡Que tenga unas buenas vacaciones!
좋은 휴일 되세요!
jo-eun hyu-il doe-se-yo!

¡Que tenga un buen viaje!
안전한 여행 되세요!
an-jeon-han nyeo-haeng doe-se-yo!

¡Espero que se recupere pronto!
빨리 나으세요!
ppal-li na-eu-se-yo!

Socializarse

¿Por qué está triste?	왜 슬퍼하세요? wae seul-peo-ha-se-yo?
¡Sonría! ¡Anímese!	웃으세요! 기운 내세요! us-eu-se-yo! gi-un nae-se-yo!
¿Está libre esta noche?	오늘 밤에 시간 있으세요? o-neul bam-e si-gan i-seu-se-yo?

¿Puedo ofrecerle algo de beber?	제가 한 잔 살까요? je-ga han jan sal-kka-yo?
¿Querría bailar conmigo?	춤 추실래요? chum chu-sil-lae-yo?
Vamos a ir al cine.	영화 보러 갑시다. yeong-hwa bo-reo gap-si-da.

¿Puedo invitarle a ...?	···에 초대해도 될까요? ...e cho-dae-hae-do doel-kka-yo?
un restaurante	음식점 eum-sik-jeom
el cine	영화관 yeong-hwa-gwan
el teatro	극장 geuk-jang
dar una vuelta	산책 san-chaek

¿A qué hora?	몇 시예요? myeot si-e-yo?
esta noche	오늘밤 o-neul-bam
a las seis	여섯 시 yeo-seot si
a las siete	일곱 시 il-gop si
a las ocho	여덟 시 yeo-deol si
a las nueve	아홉 시 a-hop si

¿Le gusta este lugar?	여기가 마음에 드세요? yeo-gi-ga ma-eum-e deu-se-yo?
¿Está aquí con alguien?	누구랑 같이 왔어요? nu-gu-rang ga-chi wa-seo-yo?
Estoy con mi amigo /amiga/.	친구랑 같이 왔어요. chin-gu-rang ga-chi wa-seo-yo.

Estoy con amigos.

친구들이랑 같이 왔어요.
chin-gu-deu-ri-rang ga-chi wa-seo-yo.

No, estoy solo /sola/.

아니오, 혼자 왔어요.
a-ni-o, hon-ja wa-seo-yo.

¿Tienes novio?

남자친구 있어?
nam-ja-chin-gu i-seo?

Tengo novio.

남자친구 있어.
nam-ja-chin-gu i-seo.

¿Tienes novia?

여자친구 있어?
yeo-ja-chin-gu i-seo?

Tengo novia.

여자친구 있어.
yeo-ja-chin-gu i-seo.

¿Te puedo volver a ver?

다시 만날래?
da-si man-nal-lae?

¿Te puedo llamar?

전화해도 돼?
jeon-hwa-hae-do dwae?

Llámame.

전화해 줘.
jeon-hwa-hae jwo.

¿Cuál es tu número?

전화번호가 뭐야?
jeon-hwa-beon-ho-ga mwo-ya?

Te echo de menos.

보고싶어.
bo-go-si-peo.

¡Qué nombre tan bonito!

이름이 아름다우시네요.
i-reum-i a-reum-da-u-si-ne-yo.

Te quiero.

사랑해.
sa-rang-hae.

¿Te casarías conmigo?

결혼해 줄래?
gyeol-hon-hae jul-lae?

¡Está de broma!

장난치지 마세요!
jang-nan-chi-ji ma-se-yo!

Sólo estoy bromeando.

장난이었어요.
jang-nan-i-eo-seo-yo.

¿En serio?

진심이세요?
jin-sim-i-se-yo?

Lo digo en serio.

진심이예요.
jin-sim-i-ye-yo.

¿De verdad?

정말로요?!
jeong-mal-lo-yo?!

¡Es increíble!

믿을 수 없어요!
mi-deul su eop-seo-yo!

No le creo.

당신을 믿지 않아요.
dang-si-neul mit-ji a-na-yo.

No puedo.

그럴 수 없어요.
geu-reol su eop-seo-yo.

No lo sé.

모르겠어요.
mo-reu-ge-seo-yo.

No le entiendo.

무슨 말인지 모르겠어요.
mu-seun ma-rin-ji mo-reu-ge-seo-yo.

Váyase, por favor.

저리 가세요.
jeo-ri ga-se-yo.

¡Déjeme en paz!

혼자 있고 싶어요!
hon-ja it-go si-peo-yo!

Es inaguantable.

그를 견딜 수 없어요.
geu-reul gyeon-dil su eop-seo-yo.

¡Es un asqueroso!

당신 역겨워요!
dang-sin nyeok-gyeo-wo-yo!

¡Llamaré a la policía!

경찰을 부를 거예요!
gyeong-cha-reul bu-reul geo-ye-yo!

Compartir impresiones. Emociones

Me gusta.	마음에 들어요. ma-eum-e deu-reo-yo.
Muy lindo.	아주 좋아요. a-ju jo-a-yo.
¡Es genial!	멋져요! meot-jyeo-yo!
No está mal.	나쁘지 않아요. na-ppeu-ji a-na-yo.
No me gusta.	마음에 들지 않아요. ma-eum-e deul-ji a-na-yo.
No está bien.	좋지 않아요. jo-chi a-na-yo.
Está mal.	나빠요. na-ppa-yo.
Está muy mal.	아주 나빠요. a-ju na-ppa-yo.
¡Qué asco!	역겨워요. yeok-gyeo-wo-yo.
Estoy feliz.	저는 행복해요. jeo-neun haeng-bok-ae-yo.
Estoy contento /contenta/.	저는 만족해요. jeo-neun man-jok-ae-yo.
Estoy enamorado /enamorada/.	저는 사랑에 빠졌어요. jeo-neun sa-rang-e ppa-jyeo-seo-yo.
Estoy tranquilo.	저는 침착해요. jeo-neun chim-chak-ae-yo.
Estoy aburrido.	저는 지루해요. jeo-neun ji-ru-hae-yo.
Estoy cansado /cansada/.	저는 지쳤어요. jeo-neun ji-chyeo-seo-yo.
Estoy triste.	저는 슬퍼요. jeo-neun seul-peo-yo.
Estoy asustado.	저는 무서워요. jeo-neun mu-seo-wo-yo.
Estoy enfadado /enfadada/.	저는 화났어요. jeo-neun hwa-na-seo-yo.
Estoy preocupado /preocupada/.	저는 걱정이 돼요. jeo-neun geok-jeong-i dwae-yo.
Estoy nervioso /nerviosa/.	저는 긴장이 돼요. jeo-neun gin-jang-i dwae-yo.

Estoy celoso /celosa/.

저는 부러워요.
jeo-neun bu-reo-wo-yo.

Estoy sorprendido /sorprendida/.

놀랐어요.
nol-la-seo-yo.

Estoy perplejo /perpleja/.

당황했어요.
dang-hwang-hae-seo-yo.

Problemas, Accidentes

Tengo un problema.	문제가 있어요. mun-je-ga i-seo-yo.
Tenemos un problema.	우리는 문제가 있어요. u-ri-neun mun-je-ga i-seo-yo.
Estoy perdido /perdida/.	길을 잃었어요. gi-reul ri-reo-seo-yo.
Perdí el último autobús (tren).	마지막 버스 (기차)를 놓쳤어요. ma-ji-mak beo-seu (gi-cha)reul lo-chyeo-seo-yo.
No me queda más dinero.	돈이 다 떨어졌어요. don-i da tteo-reo-jyeo-seo-yo.
He perdido …	… 잃어버렸어요. … i-reo-beo-ryeo-seo-yo.
Me han robado …	제 … 누가 훔쳐갔어요. je … nu-ga hum-chyeo-ga-seo-yo.
mi pasaporte	여권 yeo-gwon
mi cartera	지갑 ji-gap
mis papeles	서류 seo-ryu
mi billete	표 pyo
mi dinero	돈 don
mi bolso	핸드백 haen-deu-baek
mi cámara	카메라 ka-me-ra
mi portátil	노트북 no-teu-buk
mi tableta	타블렛피씨 ta-beul-let-pi-ssi
mi teléfono	핸드폰 haen-deu-pon
¡Ayúdeme!	도와주세요! do-wa-ju-se-yo!
¿Qué pasó?	무슨 일이 있었어요? mu-seun i-ri i-seo-seo-yo?

el incendio	화재 hwa-jae
un tiroteo	총격 chong-gyeok
el asesinato	살인 sa-rin
una explosión	폭발 pok-bal
una pelea	폭행 pok-aeng

¡Llame a la policía!	경찰을 불러 주세요! gyeong-cha-reul bul-leo ju-se-yo!
¡Más rápido, por favor!	제발 서둘러요! je-bal seo-dul-leo-yo!
Busco la comisaría.	경찰서를 찾고 있어요. gyeong-chal-seo-reul chat-go i-seo-yo.
Tengo que hacer una llamada.	전화를 걸어야 해요. jeon-hwa-reul geo-reo-ya hae-yo.
¿Puedo usar su teléfono?	전화를 빌려주실 수 있어요? jeon-hwa-reul bil-lyeo-ju-sil su i-seo-yo?

Me han ...	저는 … 당했어요. jeo-neun ... dang-hae-seo-yo.
asaltado /asaltada/	강도 gang-do
robado /robada/	도둑질 do-duk-jil
violada	강간 gang-gan
atacado /atacada/	폭행 pok-aeng

¿Se encuentra bien?	괜찮으세요? gwaen-cha-neu-se-yo?
¿Ha visto quien a sido?	누구였는지 보셨어요? nu-gu-yeon-neun-ji bo-syeo-seo-yo?
¿Sería capaz de reconocer a la persona?	그 사람을 알아볼 수 있겠어요? geu sa-ra-meul ra-ra-bol su it-ge-seo-yo?
¿Está usted seguro?	확실해요? hwak-sil-hae-yo?

Por favor, cálmese.	제발 진정해요. je-bal jin-jeong-hae-yo.
¡Cálmese!	마음을 가라앉히세요! ma-eu-meul ga-ra-an-chi-se-yo!
¡No se preocupe!	걱정하지 마세요! geok-jeong-ha-ji ma-se-yo!
Todo irá bien.	다 잘 될 거예요. da jal doel geo-ye-yo.

Todo está bien.

다 괜찮아요.
da gwaen-cha-na-yo.

Venga aquí, por favor.

이 쪽으로 오세요.
i jjo-geu-ro o-se-yo.

Tengo unas preguntas para usted.

질문이 있습니다.
jil-mun-i it-seum-ni-da.

Espere un momento, por favor.

잠시 기다려 주세요.
jam-si gi-da-ryeo ju-se-yo.

¿Tiene un documento de identidad?

신분증 있습니까?
sin-bun-jeung it-seum-ni-kka?

Gracias. Puede irse ahora.

감사합니다. 이제 가셔도
됩니다.
gam-sa-ham-ni-da. i-je ga-syeo-do
doem-ni-da.

¡Manos detrás de la cabeza!

손 머리 위로 들어!
son meo-ri wi-ro deu-reo!

¡Está arrestado!

체포한다!
che-po-han-da!

Problemas de salud

Ayudeme, por favor.	도와주세요. do-wa-ju-se-yo.
No me encuentro bien.	몸이 안 좋아요. mom-i an jo-a-yo.
Mi marido no se encuentra bien.	제 남편이 몸이 안 좋아요. je nam-pyeon-i mom-i an jo-a-yo.
Mi hijo …	제 아들이 … je a-deu-ri …
Mi padre …	제 아버지가 … je a-beo-ji-ga …
Mi mujer no se encuentra bien.	제 아내가 몸이 안 좋아요. je a-nae-ga mom-i an jo-a-yo.
Mi hija …	제 딸이 … je tta-ri …
Mi madre …	제 어머니가 … je eo-meo-ni-ga …
Me duele …	…이 있어요. …i i-seo-yo.
la cabeza	두통 du-tong
la garganta	인후통 in-hu-tong
el estómago	복통 bok-tong
un diente	치통 chi-tong
Estoy mareado.	어지러워요. eo-ji-reo-wo-yo.
Él tiene fiebre.	그는 열이 있어요. geu-neun nyeo-ri i-seo-yo.
Ella tiene fiebre.	그녀는 열이 있어요. geu-nyeo-neun nyeo-ri i-seo-yo.
No puedo respirar.	숨을 못 쉬겠어요. su-meul mot swi-ge-seo-yo.
Me ahogo.	숨이 차요. sum-i cha-yo.
Tengo asma.	저는 천식이 있어요. jeo-neun cheon-si-gi i-seo-yo.
Tengo diabetes.	저는 당뇨가 있어요. jeo-neun dang-nyo-ga i-seo-yo.

No puedo dormir.
저는 잠을 못 자요.
jeo-neun ja-meul mot ja-yo.

intoxicación alimentaria
식중독
sik-jung-dok

Me duele aquí.
여기가 아파요.
yeo-gi-ga a-pa-yo.

¡Ayúdeme!
도와주세요!
do-wa-ju-se-yo!

¡Estoy aquí!
여기 있어요!
yeo-gi i-seo-yo!

¡Estamos aquí!
우리 여기 있어요!
u-ri yeo-gi i-seo-yo!

¡Saquenme de aquí!
꺼내주세요!
kkeo-nae-ju-se-yo!

Necesito un médico.
의사가 필요해요.
ui-sa-ga pi-ryo-hae-yo.

No me puedo mover.
못 움직이겠어요.
mot um-ji-gi-ge-seo-yo.

No puedo mover mis piernas.
다리를 못 움직이겠어요.
da-ri-reul mot um-ji-gi-ge-seo-yo.

Tengo una herida.
다쳤어요.
da-chyeo-seo-yo.

¿Es grave?
심각한가요?
sim-gak-an-ga-yo?

Mis documentos están en mi bolsillo.
주머니에 제 서류가 있어요.
ju-meo-ni-e je seo-ryu-ga i-seo-yo.

¡Cálmese!
진정해요!
jin-jeong-hae-yo!

¿Puedo usar su teléfono?
전화를 빌려주실 수 있어요?
jeon-hwa-reul bil-lyeo-ju-sil su i-seo-yo?

¡Llame a una ambulancia!
구급차를 불러 주세요!
gu-geup-cha-reul bul-leo ju-se-yo!

¡Es urgente!
급해요!
geu-pae-yo!

¡Es una emergencia!
긴급 상황이에요!
gin-geup sang-hwang-i-e-yo!

¡Más rápido, por favor!
제발 서둘러요!
je-bal seo-dul-leo-yo!

¿Puede llamar a un médico, por favor?
의사를 불러주시겠어요?
ui-sa-reul bul-leo-ju-si-ge-seo-yo?

¿Dónde está el hospital?
병원은 어디 있어요?
byeong-wo-neun eo-di i-seo-yo?

¿Cómo se siente?
기분이 어떠세요?
gi-bun-i eo-tteo-se-yo?

¿Se encuentra bien?
괜찮으세요?
gwaen-cha-neu-se-yo?

¿Qué pasó?
무슨 일이 있었어요?
mu-seun i-ri i-seo-seo-yo?

Me encuentro mejor.

이제 나아졌어요.
i-je na-a-jyeo-seo-yo.

Está bien.

괜찮아요.
gwaen-cha-na-yo.

Todo está bien.

괜찮아요.
gwaen-cha-na-yo.

En la farmacia

la farmacia	약국 yak-guk
la farmacia 24 horas	24시간 약국 i-sip-sa-si-gan nyak-guk
¿Dónde está la farmacia más cercana?	가장 가까운 약국이 어디예요? ga-jang ga-kka-un nyak-gu-gi eo-di-ye-yo?
¿Está abierta ahora?	지금 열었어요? ji-geum myeo-reo-seo-yo?
¿A qué hora abre?	몇 시에 열어요? myeot si-e yeo-reo-yo?
¿A qué hora cierra?	몇 시에 닫아요? myeot si-e da-da-yo?
¿Está lejos?	멀어요? meo-reo-yo?
¿Puedo llegar a pie?	걸어갈 수 있어요? geo-reo-gal su i-seo-yo?
¿Puede mostrarme en el mapa?	지도에서 보여주실 수 있어요? ji-do-e-seo bo-yeo-ju-sil su i-seo-yo?
Por favor, deme algo para …	…에 듣는 약 주세요. ...e deun-neun nyak ju-se-yo.
un dolor de cabeza	두통 du-tong
la tos	기침 gi-chim
el resfriado	감기 gam-gi
la gripe	독감 dok-gam
la fiebre	열 yeol
un dolor de estomago	복통 bok-tong
nauseas	구토 gu-to
la diarrea	설사 seol-sa
el estreñimiento	변비 byeon-bi

un dolor de espalda	등 통증 deung tong-jeung
un dolor de pecho	가슴 통증 ga-seum tong-jeung
el flato	옆구리 당김 yeop-gu-ri dang-gim
un dolor abdominal	배 통증 bae tong-jeung
la píldora	알약 a-ryak
la crema	연고 yeon-go
el jarabe	물약 mul-lyak
el spray	스프레이 seu-peu-re-i
las gotas	안약 a-nyak
Tiene que ir al hospital.	병원에 가셔야 해요. byeong-won-e ga-syeo-ya hae-yo.
el seguro de salud	건강보험 geon-gang-bo-heom
la receta	처방전 cheo-bang-jeon
el repelente de insectos	방충제 bang-chung-je
la curita	밴드에이드 baen-deu-e-i-deu

Lo más imprescindible

Perdone, …	실례합니다, … sil-lye-ham-ni-da, …
Hola.	안녕하세요. an-nyeong-ha-se-yo.
Gracias.	감사합니다. gam-sa-ham-ni-da.
Sí.	네. ne.
No.	아니오. a-ni-o.
No lo sé.	모르겠어요. mo-reu-ge-seo-yo.
¿Dónde?	¿A dónde?	¿Cuándo?	어디예요?	어디까지 가세요?	 언제요? eo-di-ye-yo?	eo-di-kka-ji ga-se-yo?	 eon-je-yo?
Necesito …	… 필요해요. … pi-ryo-hae-yo.
Quiero …	… 싶어요. … si-peo-yo.
¿Tiene …?	… 있으세요? … i-seu-se-yo?
¿Hay … por aquí?	여기 … 있어요? yeo-gi … i-seo-yo?
¿Puedo …?	…해도 되나요? … hae-do doe-na-yo?
…, por favor? (petición educada)	…, 부탁합니다. …, bu-tak-am-ni-da.
Busco …	… 찾고 있어요. … chat-go i-seo-yo.
el servicio	화장실 hwa-jang-sil
un cajero automático	현금인출기 hyeon-geum-in-chul-gi
una farmacia	약국 yak-guk
el hospital	병원 byeong-won
la comisaría	경찰서 gyeong-chal-seo
el metro	지하철 ji-ha-cheol

un taxi	택시 taek-si
la estación de tren	기차역 gi-cha-yeok

Me llamo ...	제 이름은 ⋯ 입니다. je i-reu-meun ... im-ni-da.
¿Cómo se llama?	성함이 어떻게 되세요? seong-ham-i eo-tteo-ke doe-se-yo?
¿Puede ayudarme, por favor?	도와주세요. do-wa-ju-se-yo.
Tengo un problema.	문제가 있어요. mun-je-ga i-seo-yo.
Me encuentro mal.	몸이 안 좋아요. mom-i an jo-a-yo.
¡Llame a una ambulancia!	구급차를 불러 주세요! gu-geup-cha-reul bul-leo ju-se-yo!
¿Puedo llamar, por favor?	전화를 써도 되나요? jeon-hwa-reul sseo-do doe-na-yo?

Lo siento.	죄송합니다. joe-song-ham-ni-da.
De nada.	천만에요. cheon-man-e-yo.

Yo	저 jeo
tú	너 neo
él	그 geu
ella	그녀 geu-nyeo
ellos	그들 geu-deul
ellas	그들 geu-deul
nosotros /nosotras/	우리 u-ri
ustedes, vosotros	너희 neo-hui
usted	당신 dang-sin

ENTRADA	입구 ip-gu
SALIDA	출구 chul-gu
FUERA DE SERVICIO	고장 go-jang
CERRADO	닫힘 da-chim

ABIERTO	열림 yeol-lim
PARA SEÑORAS	여성용 yeo-seong-yong
PARA CABALLEROS	남성용 nam-seong-yong

VOCABULARIO TEMÁTICO

Esta sección contiene más
de 3.000 de las palabras más
importantes. El diccionario
le proporcionará una ayuda
inestimable mientras viaja al
extranjero, porque las palabras
individuales son a menudo
suficientes para que
le entiendan.
El diccionario incluye una
transcripción adecuada
de cada palabra extranjera

T&P Books Publishing

CONTENIDO
DEL DICCIONARIO

T&P Books Publishing

T&P BOOKS

CONCEPTOS BÁSICOS

T&P Books Publishing

1. Los pronombres

yo	나, 저	na
tú	너	neo
él	그, 그분	geu, geu-bun
ella	그녀	geu-nyeo
ello	그것	geu-geot
nosotros, -as	우리	u-ri
vosotros, -as	너희	neo-hui
Usted	당신	dang-sin
ellos, ellas	그들	geu-deul

2. Saludos. Salutaciones

¡Hola! (fam.)	안녕!	an-nyeong!
¡Hola! (form.)	안녕하세요!	an-nyeong-ha-se-yo!
¡Buenos días!	안녕하세요!	an-nyeong-ha-se-yo!
¡Buenas tardes!	안녕하세요!	an-nyeong-ha-se-yo!
¡Buenas noches!	안녕하세요!	an-nyeong-ha-se-yo!
decir hola	인사하다	in-sa-ha-da
¡Hola! (a un amigo)	안녕!	an-nyeong!
saludo (m)	인사	in-sa
saludar (vt)	인사하다	in-sa-ha-da
¿Cómo estás?	잘 지내세요?	jal ji-nae-se-yo?
¿Qué hay de nuevo?	어떻게 지내?	eo-tteo-ke ji-nae?
¡Chau! ¡Adiós!	안녕히 가세요!	an-nyeong-hi ga-se-yo!
¡Hasta pronto!	또 만나요!	tto man-na-yo!
¡Adiós! (fam.)	잘 있어!	jal ri-seo!
¡Adiós! (form.)	안녕히 계세요!	an-nyeong-hi gye-se-yo!
despedirse (vr)	작별인사를 하다	jak-byeo-rin-sa-reul ha-da
¡Hasta luego!	안녕!	an-nyeong!
¡Gracias!	감사합니다!	gam-sa-ham-ni-da!
¡Muchas gracias!	대단히 감사합니다!	dae-dan-hi gam-sa-ham-ni-da!
De nada	천만이에요	cheon-man-i-e-yo
No hay de qué	천만의 말씀입니다	cheon-man-ui mal-sseum-im-ni-da
De nada	천만에	cheon-man-e
¡Disculpa!	실례!	sil-lye!

¡Disculpe!	실례합니다!	sil-lye-ham-ni-da!
disculpar (vt)	용서하다	yong-seo-ha-da
disculparse (vr)	사과하다	sa-gwa-ha-da
Mis disculpas	사과드립니다	sa-gwa-deu-rim-ni-da
¡Perdóneme!	죄송합니다!	joe-song-ham-ni-da!
perdonar (vt)	용서하다	yong-seo-ha-da
por favor	부탁합니다	bu-tak-am-ni-da
¡No se le olvide!	잊지 마십시오!	it-ji ma-sip-si-o!
¡Ciertamente!	물론이에요!	mul-lon-i-e-yo!
¡Claro que no!	물론 아니에요!	mul-lon a-ni-e-yo!
¡De acuerdo!	그래요!	geu-rae-yo!
¡Basta!	그만!	geu-man!

3. Las preguntas

¿Quién?	누구?	nu-gu?
¿Qué?	무엇?	mu-eot?
¿Dónde?	어디?	eo-di?
¿Adónde?	어디로?	eo-di-ro?
¿De dónde?	어디로부터?	eo-di-ro-bu-teo?
¿Cuándo?	언제?	eon-je?
¿Para qué?	왜?	wae?
¿Por qué?	왜?	wae?
¿Por qué razón?	무엇을 위해서?	mu-eos-eul rwi-hae-seo?
¿Cómo?	어떻게?	eo-tteo-ke?
¿Qué ...? (~ color)	어떤?	eo-tteon?
¿Cuál?	어느?	eo-neu?
¿A quién?	누구에게?	nu-gu-e-ge?
¿De quién? (~ hablan ...)	누구에 대하여?	nu-gu-e dae-ha-yeo?
¿De qué?	무엇에 대하여?	mu-eos-e dae-ha-yeo?
¿Con quién?	누구하고?	nu-gu-ha-go?
¿Cuánto?	얼마?	eol-ma?
¿De quién? (~ es este ...)	누구의?	nu-gu-ui?

4. Las preposiciones

con ... (~ algn)	··· 하고	... ha-go
sin ... (~ azúcar)	없이	eop-si
a ... (p.ej. voy a México)	··· 에	... e
de ... (hablar ~)	··· 에 대하여	... e dae-ha-yeo
antes de ...	전에	jeon-e
delante de ...	··· 앞에	... a-pe
debajo	밑에	mi-te

sobre ..., encima de ...	위에	wi-e
en, sobre (~ la mesa)	위에	wi-e
de (origen)	··· 에서	... e-seo
de (fabricado de)	··· 로	... ro
dentro de ...	··· 안에	... a-ne
encima de ...	너머	dwi-e

5. Las palabras útiles. Los adverbios. Unidad 1

¿Dónde?	어디?	eo-di?
aquí (adv)	여기	yeo-gi
allí (adv)	거기	geo-gi
en alguna parte	어딘가	eo-din-ga
en ninguna parte	어디도	eo-di-do
junto a ...	옆에	yeo-pe
junto a la ventana	창문 옆에	chang-mun nyeo-pe
¿A dónde?	어디로?	eo-di-ro?
aquí (venga ~)	여기로	yeo-gi-ro
allí (vendré ~)	거기로	geo-gi-ro
de aquí (adv)	여기서	yeo-gi-seo
de allí (adv)	거기서	geo-gi-seo
cerca (no lejos)	가까이	ga-kka-i
lejos (adv)	멀리	meol-li
cerca de ...	근처에	geun-cheo-e
al lado (de ...)	인근에	in-geu-ne
no lejos (adv)	멀지 않게	meol-ji an-ke
izquierdo (adj)	왼쪽의	oen-jjo-gui
a la izquierda (situado ~)	왼쪽에	oen-jjo-ge
a la izquierda (girar ~)	왼쪽으로	oen-jjo-geu-ro
derecho (adj)	오른쪽의	o-reun-jjo-gui
a la derecha (situado ~)	오른쪽에	o-reun-jjo-ge
a la derecha (girar)	오른쪽으로	o-reun-jjo-geu-ro
delante (yo voy ~)	앞쪽에	ap-jjo-ge
delantero (adj)	앞의	a-pui
adelante (movimiento)	앞으로	a-peu-ro
detrás de ...	뒤에	dwi-e
desde atrás	뒤에서	dwi-e-seo
atrás (da un paso ~)	뒤로	dwi-ro
centro (m), medio (m)	가운데	ga-un-de
en medio (adv)	가운데에	ga-un-de-e

de lado (adv)	옆에	yeo-pe
en todas partes	모든 곳에	mo-deun gos-e
alrededor (adv)	주위에	ju-wi-e

de dentro (adv)	내면에서	nae-myeon-e-seo
a alguna parte	어딘가에	eo-din-ga-e
todo derecho (adv)	똑바로	ttok-ba-ro
atrás (muévelo para ~)	뒤로	dwi-ro

| de alguna parte (adv) | 어디에서든지 | eo-di-e-seo-deun-ji |
| no se sabe de dónde | 어디로부터인지 | eo-di-ro-bu-teo-in-ji |

primero (adv)	첫째로	cheot-jjae-ro
segundo (adv)	둘째로	dul-jjae-ro
tercero (adv)	셋째로	set-jjae-ro

de súbito (adv)	갑자기	gap-ja-gi
al principio (adv)	처음에	cheo-eum-e
por primera vez	처음으로	cheo-eu-meu-ro
mucho tiempo antes ...	··· 오래 전에	... o-rae jeon-e
de nuevo (adv)	다시	da-si
para siempre (adv)	영원히	yeong-won-hi

jamás, nunca (adv)	절대로	jeol-dae-ro
de nuevo (adv)	다시	da-si
ahora (adv)	이제	i-je
frecuentemente (adv)	자주	ja-ju
entonces (adv)	그때	geu-ttae
urgentemente (adv)	급히	geu-pi
usualmente (adv)	보통으로	bo-tong-eu-ro

a propósito, ...	그건 그렇고, ···	geu-geon geu-reo-ko, ...
es probable	가능한	ga-neung-han
probablemente (adv)	아마	a-ma
tal vez	어쩌면	eo-jjeo-myeon
además ...	게다가 ···	ge-da-ga ...
por eso ...	그래서 ···	geu-rae-seo ...
a pesar de ...	··· 에도 불구하고	... e-do bul-gu-ha-go
gracias a ...	··· 덕분에	... deok-bun-e

algo (~ le ha pasado)	무엇인가	mu-eon-nin-ga
algo (~ así)	무엇이든지	mu-eon-ni-deun-ji
nada (f)	아무것도	a-mu-geot-do

| alguien (viene ~) | 누구 | nu-gu |
| alguien (¿ha llamado ~?) | 누군가 | nu-gun-ga |

nadie	아무도	a-mu-do
a ninguna parte	아무데도	a-mu-de-do
de nadie	누구의 것도 아닌	nu-gu-ui geot-do a-nin
de alguien	누군가의	nu-gun-ga-ui
tan, tanto (adv)	그래서	geu-rae-seo

| también (~ habla francés) | 역시 | yeok-si |
| también (p.ej. Yo ~) | 또한 | tto-han |

6. Las palabras útiles. Los adverbios. Unidad 2

¿Por qué?	왜?	wae?
no se sabe porqué	어떤 이유로	eo-tteon ni-yu-ro
porque …	왜냐하면 …	wae-nya-ha-myeon …
por cualquier razón (adv)	어떤 목적으로	eo-tteon mok-jeo-geu-ro

y (p.ej. uno y medio)	그리고	geu-ri-go
o (p.ej. té o café)	또는	tto-neun
pero (p.ej. me gusta, ~)	그러나	geu-reo-na
para (p.ej. es para ti)	위해서	wi-hae-seo

demasiado (adv)	너무	neo-mu
sólo, solamente (adv)	… 만	… man
exactamente (adv)	정확하게	jeong-hwak-a-ge
unos …,	약	yak
cerca de … (~ 10 kg)		

aproximadamente	대략	dae-ryak
aproximado (adj)	대략적인	dae-ryak-jeo-gin
casi (adv)	거의	geo-ui
resto (m)	나머지	na-meo-ji

cada (adj)	각각의	gak-ga-gui
cualquier (adj)	아무	a-mu
mucho (adv)	많이	ma-ni
muchos (mucha gente)	많은 사람들	ma-neun sa-ram-deul
todos	모두	mo-du

a cambio de …	… 의 교환으로	… ui gyo-hwa-neu-ro
en cambio (adv)	교환으로	gyo-hwa-neu-ro
a mano (hecho ~)	수공으로	su-gong-eu-ro
poco probable	거의	geo-ui

probablemente	아마	a-ma
a propósito (adv)	일부러	il-bu-reo
por accidente (adv)	우연히	u-yeon-hi

muy (adv)	아주	a-ju
por ejemplo (adv)	예를 들면	ye-reul deul-myeon
entre (~ nosotros)	사이에	sa-i-e
entre (~ otras cosas)	중에	jung-e
tanto (~ gente)	이만큼	i-man-keum
especialmente (adv)	특히	teuk-i

NÚMEROS. MISCELÁNEA

T&P Books Publishing

cero	영	yeong
uno	일	il
dos	이	i
tres	삼	sam
cuatro	사	sa
cinco	오	o
seis	육	yuk
siete	칠	chil
ocho	팔	pal
nueve	구	gu
diez	십	sip
once	십일	si-bil
doce	십이	si-bi
trece	십삼	sip-sam
catorce	십사	sip-sa
quince	십오	si-bo
dieciséis	십육	si-byuk
diecisiete	십칠	sip-chil
dieciocho	십팔	sip-pal
diecinueve	십구	sip-gu
veinte	이십	i-sip
veintiuno	이십일	i-si-bil
veintidós	이십이	i-si-bi
veintitrés	이십삼	i-sip-sam
treinta	삼십	sam-sip
treinta y uno	삼십일	sam-si-bil
treinta y dos	삼십이	sam-si-bi
treinta y tres	삼십삼	sam-sip-sam
cuarenta	사십	sa-sip
cuarenta y uno	사십일	sa-si-bil
cuarenta y dos	사십이	sa-si-bi
cuarenta y tres	사십삼	sa-sip-sam
cincuenta	오십	o-sip
cincuenta y uno	오십일	o-si-bil
cincuenta y dos	오십이	o-si-bi
cincuenta y tres	오십삼	o-sip-sam
sesenta	육십	yuk-sip

sesenta y uno	육십일	yuk-si-bil
sesenta y dos	육십이	yuk-si-bi
sesenta y tres	육십삼	yuk-sip-sam
setenta	칠십	chil-sip
setenta y uno	칠십일	chil-si-bil
setenta y dos	칠십이	chil-si-bi
setenta y tres	칠십삼	chil-sip-sam
ochenta	팔십	pal-sip
ochenta y uno	팔십일	pal-si-bil
ochenta y dos	팔십이	pal-si-bi
ochenta y tres	팔십삼	pal-sip-sam
noventa	구십	gu-sip
noventa y uno	구십일	gu-si-bil
noventa y dos	구십이	gu-si-bi
noventa y tres	구십삼	gu-sip-sam

8. Números cardinales. Unidad 2

cien	백	baek
doscientos	이백	i-baek
trescientos	삼백	sam-baek
cuatrocientos	사백	sa-baek
quinientos	오백	o-baek
seiscientos	육백	yuk-baek
setecientos	칠백	chil-baek
ochocientos	팔백	pal-baek
novecientos	구백	gu-baek
mil	천	cheon
dos mil	이천	i-cheon
tres mil	삼천	sam-cheon
diez mil	만	man
cien mil	십만	sim-man
millón (m)	백만	baeng-man
mil millones	십억	si-beok

9. Números ordinales

primero (adj)	첫 번째의	cheot beon-jjae-ui
segundo (adj)	두 번째의	du beon-jjae-ui
tercero (adj)	세 번째의	se beon-jjae-ui
cuarto (adj)	네 번째의	ne beon-jjae-ui
quinto (adj)	다섯 번째의	da-seot beon-jjae-ui
sexto (adj)	여섯 번째의	yeo-seot beon-jjae-ui

séptimo (adj)	일곱 번째의	il-gop beon-jjae-ui
octavo (adj)	여덟 번째의	yeo-deol beon-jjae-ui
noveno (adj)	아홉 번째의	a-hop beon-jjae-ui
décimo (adj)	열 번째의	yeol beon-jjae-ui

T&P BOOKS

LOS COLORES.
LAS UNIDADES DE MEDIDA

T&P Books Publishing

color (m)	색	sae
matiz (m)	색조	saek-jo
tono (m)	색상	saek-sang
arco (m) iris	무지개	mu-ji-gae
blanco (adj)	흰	huin
negro (adj)	검은	geo-meun
gris (adj)	회색의	hoe-sae-gui
verde (adj)	초록색의	cho-rok-sae-gui
amarillo (adj)	노란	no-ran
rojo (adj)	빨간	ppal-gan
azul (adj)	파란	pa-ran
azul claro (adj)	하늘색의	ha-neul-sae-gui
rosa (adj)	분홍색의	bun-hong-sae-gui
naranja (adj)	주황색의	ju-hwang-sae-gui
violeta (adj)	보라색의	bo-ra-sae-gui
marrón (adj)	갈색의	gal-sae-gui
dorado (adj)	금색의	geum-sae-gui
argentado (adj)	은색의	eun-sae-gui
beige (adj)	베이지색의	be-i-ji-sae-gui
crema (adj)	크림색의	keu-rim-sae-gui
turquesa (adj)	청록색의	cheong-nok-sae-gui
rojo cereza (adj)	암적색의	am-jeok-sae-gui
lila (adj)	연보라색의	yeon-bo-ra-sae-gui
carmesí (adj)	진홍색의	jin-hong-sae-gui
claro (adj)	밝은	bal-geun
oscuro (adj)	짙은	ji-teun
vivo (adj)	선명한	seon-myeong-han
de color (lápiz ~)	색의	sae-gui
en colores (película ~)	컬러의	keol-leo-ui
blanco y negro (adj)	흑백의	heuk-bae-gui
unicolor (adj)	단색의	dan-sae-gui
multicolor (adj)	다색의	da-sae-gui

peso (m)	무게	mu-ge
longitud (f)	길이	gi-ri

anchura (f)	폭, 너비	pok, neo-bi
altura (f)	높이	no-pi
profundidad (f)	깊이	gi-pi
volumen (m)	부피	bu-pi
área (f)	면적	myeon-jeok
gramo (m)	그램	geu-raem
miligramo (m)	밀리그램	mil-li-geu-raem
kilogramo (m)	킬로그램	kil-lo-geu-raem
tonelada (f)	톤	ton
libra (f)	파운드	pa-un-deu
onza (f)	온스	on-seu
metro (m)	미터	mi-teo
milímetro (m)	밀리미터	mil-li-mi-teo
centímetro (m)	센티미터	sen-ti-mi-teo
kilómetro (m)	킬로미터	kil-lo-mi-teo
milla (f)	마일	ma-il
pulgada (f)	인치	in-chi
pie (m)	피트	pi-teu
yarda (f)	야드	ya-deu
metro (m) cuadrado	제곱미터	je-gom-mi-teo
hectárea (f)	헥타르	hek-ta-reu
litro (m)	리터	ri-teo
grado (m)	도	do
voltio (m)	볼트	bol-teu
amperio (m)	암페어	am-pe-eo
caballo (m) de fuerza	마력	ma-ryeok
cantidad (f)	수량, 양	su-ryang, yang
un poco de …	… 조금	… jo-geum
mitad (f)	절반	jeol-ban
docena (f)	다스	da-seu
pieza (f)	조각	jo-gak
dimensión (f)	크기	keu-gi
escala (f) (del mapa)	축척	chuk-cheok
mínimo (adj)	최소의	choe-so-ui
el más pequeño (adj)	가장 작은	ga-jang ja-geun
medio (adj)	중간의	jung-gan-ui
máximo (adj)	최대의	choe-dae-ui
el más grande (adj)	가장 큰	ga-jang keun

12. Contenedores

tarro (m) de vidrio	유리병	yu-ri-byeong
lata (f)	캔, 깡통	kaen, kkang-tong

cubo (m)	양동이	yang-dong-i
barril (m)	통	tong
palangana (f)	대야	dae-ya
tanque (m)	탱크	taeng-keu
petaca (f) (de alcohol)	휴대용 술병	hyu-dae-yong sul-byeong
bidón (m) de gasolina	통	tong
cisterna (f)	탱크	taeng-keu
taza (f) (mug de cerámica)	머그컵	meo-geu-keop
taza (f) (~ de café)	컵	keop
platillo (m)	받침 접시	bat-chim jeop-si
vaso (m) (~ de agua)	유리잔	yu-ri-jan
copa (f) (~ de vino)	와인글라스	wa-in-geul-la-seu
olla (f)	냄비	naem-bi
botella (f)	병	byeong
cuello (m) de botella	병목	byeong-mok
garrafa (f)	디캔터	di-kaen-teo
jarro (m) (~ de agua)	물병	mul-byeong
recipiente (m)	용기	yong-gi
tarro (m)	항아리	hang-a-ri
florero (m)	화병	hwa-byeong
frasco (m) (~ de perfume)	향수병	hyang-su-byeong
frasquito (m)	약병	yak-byeong
tubo (m)	튜브	tyu-beu
saco (m) (~ de azúcar)	자루	ja-ru
bolsa (f) (~ plástica)	봉투	bong-tu
paquete (m) (~ de cigarrillos)	갑	gap
caja (f)	박스	bak-seu
cajón (m) (~ de madera)	상자	sang-ja
cesta (f)	바구니	ba-gu-ni

LOS VERBOS MÁS IMPORTANTES

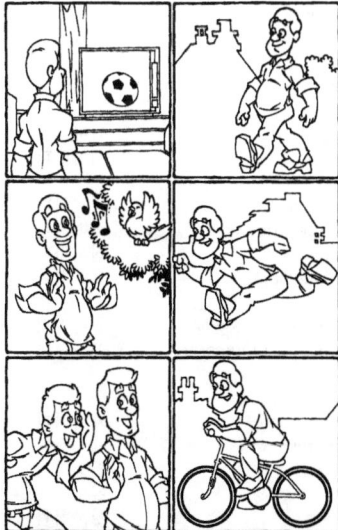

T&P Books Publishing

abrir (vt)	열다	yeol-da
acabar, terminar (vt)	끝내다	kkeun-nae-da
aconsejar (vt)	조언하다	jo-eon-ha-da
adivinar (vt)	추측하다	chu-cheuk-a-da
advertir (vt)	경고하다	gyeong-go-ha-da
alabarse, jactarse (vr)	자랑하다	ja-rang-ha-da
almorzar (vi)	점심을 먹다	jeom-si-meul meok-da
alquilar (~ una casa)	임대하다	im-dae-ha-da
amenazar (vt)	협박하다	hyeop-bak-a-da
arrepentirse (vr)	후회하다	hu-hoe-ha-da
ayudar (vt)	도와주다	do-wa-ju-da
bañarse (vr)	수영하다	su-yeong-ha-da
bromear (vi)	농담하다	nong-dam-ha-da
buscar (vt)	… 를 찾다	… reul chat-da
caer (vi)	떨어지다	tteo-reo-ji-da
callarse (vr)	침묵을 지키다	chim-mu-geul ji-ki-da
cambiar (vt)	바꾸다	ba-kku-da
castigar, punir (vt)	처벌하다	cheo-beol-ha-da
cavar (vt)	파다	pa-da
cazar (vi, vt)	사냥하다	sa-nyang-ha-da
cenar (vi)	저녁을 먹다	jeo-nyeo-geul meok-da
cesar (vt)	그만두다	geu-man-du-da
coger (vt)	잡다	jap-da
comenzar (vt)	시작하다	si-jak-a-da
comparar (vt)	비교하다	bi-gyo-ha-da
comprender (vt)	이해하다	i-hae-ha-da
confiar (vt)	신뢰하다	sil-loe-ha-da
confundir (vt)	혼동하다	hon-dong-ha-da
conocer (~ a alguien)	알다	al-da
contar (vt) (enumerar)	세다	se-da
contar con …	… 에 의지하다	… e ui-ji-ha-da
continuar (vt)	계속하다	gye-sok-a-da
controlar (vt)	제어하다	je-eo-ha-da
correr (vi)	달리다	dal-li-da
costar (vt)	값이 … 이다	gap-si … i-da
crear (vt)	창조하다	chang-jo-ha-da

14. Los verbos más importantes. Unidad 2

dar (vt)	주다	ju-da
dar una pista	힌트를 주다	hin-teu-reul ju-da
decir (vt)	말하다	mal-ha-da
decorar (para la fiesta)	장식하다	jang-sik-a-da
defender (vt)	방어하다	bang-eo-ha-da
dejar caer	떨어뜨리다	tteo-reo-tteu-ri-da
desayunar (vi)	아침을 먹다	a-chi-meul meok-da
descender (vi)	내려오다	nae-ryeo-o-da
dirigir (administrar)	운영하다	u-nyeong-ha-da
disculparse (vr)	사과하다	sa-gwa-ha-da
discutir (vt)	의논하다	ui-non-ha-da
dudar (vt)	의심하다	ui-sim-ha-da
encontrar (hallar)	찾다	chat-da
engañar (vi, vt)	속이다	so-gi-da
entrar (vi)	들어가다	deu-reo-ga-da
enviar (vt)	보내다	bo-nae-da
equivocarse (vr)	실수하다	sil-su-ha-da
escoger (vt)	선택하다	seon-taek-a-da
esconder (vt)	숨기다	sum-gi-da
escribir (vt)	쓰다	sseu-da
esperar (aguardar)	기다리다	gi-da-ri-da
esperar (tener esperanza)	희망하다	hui-mang-ha-da
estar de acuerdo	동의하다	dong-ui-ha-da
estudiar (vt)	공부하다	gong-bu-ha-da
exigir (vt)	요구하다	yo-gu-ha-da
existir (vi)	존재하다	jon-jae-ha-da
explicar (vt)	설명하다	seol-myeong-ha-da
faltar (a las clases)	결석하다	gyeol-seok-a-da
firmar (~ el contrato)	서명하다	seo-myeong-ha-da
girar (~ a la izquierda)	돌다	dol-da
gritar (vi)	소리치다	so-ri-chi-da
guardar (conservar)	보관하다	bo-gwan-ha-da
gustar (vi)	좋아하다	jo-a-ha-da
hablar (vi, vt)	말하다	mal-ha-da
hacer (vt)	하다	ha-da
informar (vt)	알리다	al-li-da
insistir (vi)	주장하다	ju-jang-ha-da
insultar (vt)	모욕하다	mo-yok-a-da
interesarse (vr)	··· 에 관심을 가지다	... e gwan-si-meul ga-ji-da
invitar (vt)	초대하다	cho-dae-ha-da

| ir (a pie) | 가다 | ga-da |
| jugar (divertirse) | 놀다 | nol-da |

15. Los verbos más importantes. Unidad 3

leer (vi, vt)	읽다	ik-da
liberar (ciudad, etc.)	해방하다	hae-bang-ha-da
llamar (por ayuda)	부르다, 요청하다	bu-reu-da, yo-cheong-ha-da
llegar (vi)	도착하다	do-chak-a-da
llorar (vi)	울다	ul-da
matar (vt)	죽이다	ju-gi-da
mencionar (vt)	언급하다	eon-geu-pa-da
mostrar (vt)	보여주다	bo-yeo-ju-da
nadar (vi)	수영하다	su-yeong-ha-da
negarse (vr)	거절하다	geo-jeol-ha-da
objetar (vt)	반대하다	ban-dae-ha-da
observar (vt)	지켜보다	ji-kyeo-bo-da
oír (vt)	듣다	deut-da
olvidar (vt)	잊다	it-da
orar (vi)	기도하다	gi-do-ha-da
ordenar (mil.)	명령하다	myeong-nyeong-ha-da
pagar (vi, vt)	지불하다	ji-bul-ha-da
pararse (vr)	정지하다	jeong-ji-ha-da
participar (vi)	참가하다	cham-ga-ha-da
pedir (ayuda, etc.)	부탁하다	bu-tak-a-da
pedir (en restaurante)	주문하다	ju-mun-ha-da
pensar (vi, vt)	생각하다	saeng-gak-a-da
percibir (ver)	알아차리다	a-ra-cha-ri-da
perdonar (vt)	용서하다	yong-seo-ha-da
permitir (vt)	허가하다	heo-ga-ha-da
pertenecer a ...	··· 에 속하다	... e sok-a-da
planear (vt)	계획하다	gye-hoek-a-da
poder (v aux)	할 수 있다	hal su it-da
poseer (vt)	소유하다	so-yu-ha-da
preferir (vt)	선호하다	seon-ho-ha-da
preguntar (vt)	묻다	mut-da
preparar (la cena)	요리하다	yo-ri-ha-da
prever (vt)	예상하다	ye-sang-ha-da
probar, tentar (vt)	해보다	hae-bo-da
prometer (vt)	약속하다	yak-sok-a-da
pronunciar (vt)	발음하다	ba-reum-ha-da
proponer (vt)	제안하다	je-an-ha-da

quebrar (vt)	깨뜨리다	kkae-tteu-ri-da
quejarse (vr)	불평하다	bul-pyeong-ha-da
querer (amar)	사랑하다	sa-rang-ha-da
querer (desear)	원하다	won-ha-da

16. Los verbos más importantes. Unidad 4

recomendar (vt)	추천하다	chu-cheon-ha-da
regañar, reprender (vt)	꾸짖다	kku-jit-da
reírse (vr)	웃다	ut-da
repetir (vt)	반복하다	ban-bok-a-da
reservar (~ una mesa)	예약하다	ye-yak-a-da
responder (vi, vt)	대답하다	dae-da-pa-da

robar (vt)	훔치다	hum-chi-da
saber (~ algo mas)	알다	al-da
salir (vi)	나가다	na-ga-da
salvar (vt)	구조하다	gu-jo-ha-da
seguir ...	··· 를 따라가다	... reul tta-ra-ga-da
sentarse (vr)	앉다	an-da

ser necesario	필요하다	pi-ryo-ha-da
significar (vt)	의미하다	ui-mi-ha-da
sonreír (vi)	미소를 짓다	mi-so-reul jit-da
sorprenderse (vr)	놀라다	nol-la-da

subestimar (vt)	과소평가하다	gwa-so-pyeong-ga-ha-da
tener (vt)	가지다	ga-ji-da
tener hambre	배가 고프다	bae-ga go-peu-da
tener miedo	무서워하다	mu-seo-wo-ha-da

tener prisa	서두르다	seo-du-reu-da
tener sed	목마르다	mong-ma-reu-da
tirar, disparar (vi)	쏘다	sso-da
tocar (con las manos)	닿다	da-ta
tomar (vt)	잡다	jap-da
tomar nota	적다	jeok-da

trabajar (vi)	일하다	il-ha-da
traducir (vt)	번역하다	beo-nyeok-a-da
unir (vt)	연합하다	yeon-ha-pa-da
vender (vt)	팔다	pal-da
ver (vt)	보다	bo-da
volar (pájaro, avión)	날다	nal-da

LA HORA. EL CALENDARIO

T&P Books Publishing

17. Los días de la semana

lunes (m)	월요일	wo-ryo-il
martes (m)	화요일	hwa-yo-il
miércoles (m)	수요일	su-yo-il
jueves (m)	목요일	mo-gyo-il
viernes (m)	금요일	geu-myo-il
sábado (m)	토요일	to-yo-il
domingo (m)	일요일	i-ryo-il
hoy (adv)	오늘	o-neul
mañana (adv)	내일	nae-il
pasado mañana	모레	mo-re
ayer (adv)	어제	eo-je
anteayer (adv)	그저께	geu-jeo-kke
día (m)	낮	nat
día (m) de trabajo	근무일	geun-mu-il
día (m) de fiesta	공휴일	gong-hyu-il
día (m) de descanso	휴일	hyu-il
fin (m) de semana	주말	ju-mal
todo el día	하루종일	ha-ru-jong-il
al día siguiente	다음날	da-eum-nal
dos días atrás	이틀 전	i-teul jeon
en vísperas (adv)	전날	jeon-nal
diario (adj)	일간의	il-ga-nui
cada día (adv)	매일	mae-il
semana (f)	주	ju
semana (f) pasada	지난 주에	ji-nan ju-e
semana (f) que viene	다음 주에	da-eum ju-e
semanal (adj)	주간의	ju-ga-nui
cada semana (adv)	매주	mae-ju
2 veces por semana	일주일에 두번	il-ju-i-re du-beon
todos los martes	매주 화요일	mae-ju hwa-yo-il

18. Las horas. El día y la noche

mañana (f)	아침	a-chim
por la mañana	아침에	a-chim-e
mediodía (m)	정오	jeong-o
por la tarde	오후에	o-hu-e
noche (f)	저녁	jeo-nyeok

por la noche	저녁에	jeo-nyeo-ge
noche (f) (p.ej. 2:00 a.m.)	밤	bam
por la noche	밤에	bam-e
medianoche (f)	자정	ja-jeong

segundo (m)	초	cho
minuto (m)	분	bun
hora (f)	시	si
media hora (f)	반시간	ban-si-gan
cuarto (m) de hora	십오분	si-bo-bun
quince minutos	십오분	si-bo-bun
veinticuatro horas	이십사시간	i-sip-sa-si-gan

salida (f) del sol	일출	il-chul
amanecer (m)	새벽	sae-byeok
madrugada (f)	이른 아침	i-reun a-chim
puesta (f) del sol	저녁 노을	jeo-nyeok no-eul

de madrugada	이른 아침에	i-reun a-chim-e
esta mañana	오늘 아침에	o-neul ra-chim-e
mañana por la mañana	내일 아침에	nae-il ra-chim-e

esta tarde	오늘 오후에	o-neul ro-hu-e
por la tarde	오후에	o-hu-e
mañana por la tarde	내일 오후에	nae-il ro-hu-e

| esta noche (p.ej. 8:00 p.m.) | 오늘 저녁에 | o-neul jeo-nyeo-ge |
| mañana por la noche | 내일 밤에 | nae-il bam-e |

a las tres en punto	3시 정각에	se-si jeong-ga-ge
a eso de las cuatro	4시쯤에	ne-si-jjeu-me
para las doce	12시까지	yeoldu si-kka-ji

dentro de veinte minutos	20분 안에	isib-bun na-ne
dentro de una hora	한 시간 안에	han si-gan na-ne
a tiempo (adv)	제시간에	je-si-gan-e

… menos cuarto	… 십오 분	… si-bo bun
durante una hora	한 시간 내에	han si-gan nae-e
cada quince minutos	15분 마다	sibo-bun ma-da
día y noche	하루종일	ha-ru-jong-il

19. Los meses. Las estaciones

enero (m)	일월	i-rwol
febrero (m)	이월	i-wol
marzo (m)	삼월	sam-wol
abril (m)	사월	sa-wol
mayo (m)	오월	o-wol

junio (m)	유월	yu-wol
julio (m)	칠월	chi-rwol
agosto (m)	팔월	pa-rwol
septiembre (m)	구월	gu-wol
octubre (m)	시월	si-wol
noviembre (m)	십일월	si-bi-rwol
diciembre (m)	십이월	si-bi-wol
primavera (f)	봄	bom
en primavera	봄에	bom-e
de primavera (adj)	봄의	bom-ui
verano (m)	여름	yeo-reum
en verano	여름에	yeo-reum-e
de verano (adj)	여름의	yeo-reu-mui
otoño (m)	가을	ga-eul
en otoño	가을에	ga-eu-re
de otoño (adj)	가을의	ga-eu-rui
invierno (m)	겨울	gyeo-ul
en invierno	겨울에	gyeo-u-re
de invierno (adj)	겨울의	gyeo-ul
mes (m)	월, 달	wol, dal
este mes	이번 달에	i-beon da-re
al mes siguiente	다음 달에	da-eum da-re
el mes pasado	지난 달에	ji-nan da-re
hace un mes	한달 전에	han-dal jeon-e
dentro de un mes	한 달 안에	han dal ra-ne
dentro de dos meses	두 달 안에	du dal ra-ne
todo el mes	한 달 내내	han dal lae-nae
todo un mes	한달간 내내	han-dal-gan nae-nae
mensual (adj)	월간의	wol-ga-nui
mensualmente (adv)	매월, 매달	mae-wol, mae-dal
cada mes	매달	mae-dal
dos veces por mes	한 달에 두 번	han da-re du beon
año (m)	년	nyeon
este año	올해	ol-hae
el próximo año	내년	nae-nyeon
el año pasado	작년	jang-nyeon
hace un año	일년 전	il-lyeon jeon
dentro de un año	일 년 안에	il lyeon na-ne
dentro de dos años	이 년 안에	i nyeon na-ne
todo el año	한 해 전체	han hae jeon-che
todo un año	일년 내내	il-lyeon nae-nae
cada año	매년	mae-nyeon
anual (adj)	연간의	yeon-ga-nui

anualmente (adv)	매년	mae-nyeon
cuatro veces por año	일년에 네 번	il-lyeon-e ne beon
fecha (f) (la ~ de hoy es …)	날짜	nal-jja
fecha (f) (~ de entrega)	월일	wo-ril
calendario (m)	달력	dal-lyeok
medio año (m)	반년	ban-nyeon
seis meses	육개월	yuk-gae-wol
estación (f)	계절	gye-jeol
siglo (m)	세기	se-gi

EL VIAJE. EL HOTEL

T&P Books Publishing

20. Las vacaciones. El viaje

turismo (m)	관광	gwan-gwang
turista (m)	관광객	gwan-gwang-gaek
viaje (m)	여행	yeo-haeng
aventura (f)	모험	mo-heom
viaje (m) (p.ej. ~ en coche)	여행	yeo-haeng
vacaciones (f pl)	휴가	hyu-ga
estar de vacaciones	휴가 중이다	hyu-ga jung-i-da
descanso (m)	휴양	hyu-yang
tren (m)	기차	gi-cha
en tren	기차로	gi-cha-ro
avión (m)	비행기	bi-haeng-gi
en avión	비행기로	bi-haeng-gi-ro
en coche	자동차로	ja-dong-cha-ro
en barco	배로	bae-ro
equipaje (m)	짐, 수하물	jim, su-ha-mul
maleta (f)	여행 가방	yeo-haeng ga-bang
carrito (m) de equipaje	수하물 카트	su-ha-mul ka-teu
pasaporte (m)	여권	yeo-gwon
visado (m)	비자	bi-ja
billete (m)	표	pyo
billete (m) de avión	비행기표	bi-haeng-gi-pyo
guía (f) (libro)	여행 안내서	yeo-haeng an-nae-seo
mapa (m)	지도	ji-do
área (f) (~ rural)	지역	ji-yeok
lugar (m)	곳	got
exotismo (m)	이국	i-guk
exótico (adj)	이국적인	i-guk-jeo-gin
asombroso (adj)	놀라운	nol-la-un
grupo (m)	무리	mu-ri
excursión (f)	견학, 관광	gyeon-hak, gwan-gwang
guía (m) (persona)	가이드	ga-i-deu

21. El hotel

hotel (m), motel (m)	호텔	ho-tel
motel (m)	모텔	mo-tel

de tres estrellas	3성급	sam-seong-geub
de cinco estrellas	5성급	o-seong-geub
hospedarse (vr)	머무르다	meo-mu-reu-da

habitación (f)	객실	gaek-sil
habitación (f) individual	일인실	i-rin-sil
habitación (f) doble	더블룸	deo-beul-lum
reservar una habitación	방을 예약하다	bang-eul rye-yak-a-da

| media pensión (f) | 하숙 | ha-suk |
| pensión (f) completa | 식사 제공 | sik-sa je-gong |

con baño	욕조가 있는	yok-jo-ga in-neun
con ducha	샤워가 있는	sya-wo-ga in-neun
televisión (f) satélite	위성 텔레비전	wi-seong tel-le-bi-jeon
climatizador (m)	에어컨	e-eo-keon
toalla (f)	수건	su-geon
llave (f)	열쇠	yeol-soe

administrador (m)	관리자	gwal-li-ja
camarera (f)	객실 청소부	gaek-sil cheong-so-bu
maletero (m)	포터	po-teo
portero (m)	도어맨	do-eo-maen

restaurante (m)	레스토랑	re-seu-to-rang
bar (m)	바	ba
desayuno (m)	아침식사	a-chim-sik-sa
cena (f)	저녁식사	jeo-nyeok-sik-sa
buffet (m) libre	뷔페	bwi-pe

| vestíbulo (m) | 로비 | ro-bi |
| ascensor (m) | 엘리베이터 | el-li-be-i-teo |

| NO MOLESTAR | 방해하지 마세요 | bang-hae-ha-ji ma-se-yo |
| PROHIBIDO FUMAR | 금연 | geu-myeon |

22. El turismo. La excursión

monumento (m)	기념비	gi-nyeom-bi
fortaleza (f)	요새	yo-sae
palacio (m)	궁전	gung-jeon
castillo (m)	성	seong
torre (f)	탑	tap
mausoleo (m)	영묘	yeong-myo

arquitectura (f)	건축	geon-chuk
medieval (adj)	중세의	jung-se-ui
antiguo (adj)	고대의	go-dae-ui
nacional (adj)	국가의	guk-ga-ui
conocido (adj)	유명한	yu-myeong-han

turista (m)	관광객	gwan-gwang-gaek
guía (m) (persona)	가이드	ga-i-deu
excursión (f)	견학, 관광	gyeon-hak, gwan-gwang
mostrar (vt)	보여주다	bo-yeo-ju-da
contar (una historia)	이야기하다	i-ya-gi-ha-da
encontrar (hallar)	찾다	chat-da
perderse (vr)	길을 잃다	gi-reul ril-ta
plano (m) (~ de metro)	노선도	no-seon-do
mapa (m) (~ de la ciudad)	지도	ji-do
recuerdo (m)	기념품	gi-nyeom-pum
tienda (f) de regalos	기념품 가게	gi-nyeom-pum ga-ge
hacer fotos	사진을 찍다	sa-ji-neul jjik-da
fotografiarse (vr)	사진을 찍다	sa-ji-neul jjik-da

EL TRANSPORTE

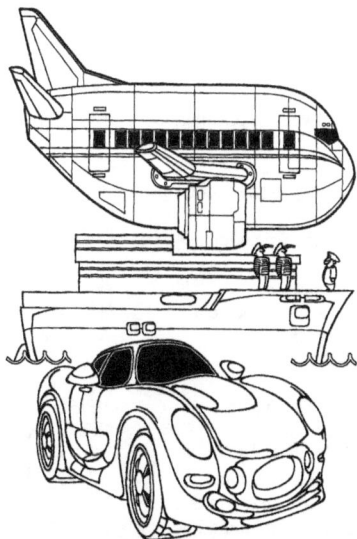

23. El aeropuerto

aeropuerto (m)	공항	gong-hang
avión (m)	비행기	bi-haeng-gi
compañía (f) aérea	항공사	hang-gong-sa
controlador (m) aéreo	관제사	gwan-je-sa
despegue (m)	출발	chul-bal
llegada (f)	도착	do-chak
llegar (en avión)	도착하다	do-chak-a-da
hora (f) de salida	출발시간	chul-bal-si-gan
hora (f) de llegada	도착시간	do-chak-si-gan
retrasarse (vr)	연기되다	yeon-gi-doe-da
retraso (m) de vuelo	항공기 지연	hang-gong-gi ji-yeon
pantalla (f) de información	안내 전광판	an-nae jeon-gwang-pan
información (f)	정보	jeong-bo
anunciar (vt)	알리다	al-li-da
vuelo (m)	비행편	bi-haeng-pyeon
aduana (f)	세관	se-gwan
aduanero (m)	세관원	se-gwan-won
declaración (f) de aduana	세관신고서	se-gwan-sin-go-seo
rellenar la declaración	세관 신고서를 작성하다	se-gwan sin-go-seo-reul jak-seong-ha-da
control (m) de pasaportes	여권 검사	yeo-gwon geom-sa
equipaje (m)	짐, 수하물	jim, su-ha-mul
equipaje (m) de mano	휴대 가능 수하물	hyu-dae ga-neung su-ha-mul
carrito (m) de equipaje	수하물 카트	su-ha-mul ka-teu
aterrizaje (m)	착륙	chang-nyuk
pista (f) de aterrizaje	활주로	hwal-ju-ro
aterrizar (vi)	착륙하다	chang-nyuk-a-da
escaleras (f pl) (de avión)	승강계단	seung-gang-gye-dan
facturación (f) (check-in)	체크인	che-keu-in
mostrador (m) de facturación	체크인 카운터	che-keu-in ka-un-teo
hacer el check-in	체크인하다	che-keu-in-ha-da
tarjeta (f) de embarque	탑승권	tap-seung-gwon
puerta (f) de embarque	탑승구	tap-seung-gu

tránsito (m)	트랜싯, 환승	teu-raen-sit, hwan-seung
esperar (aguardar)	기다리다	gi-da-ri-da
zona (f) de preembarque	공항 라운지	gong-hang na-un-ji
despedir (vt)	배웅하다	bae-ung-ha-da
despedirse (vr)	작별인사를 하다	jak-byeo-rin-sa-reul ha-da

24. El avión

avión (m)	비행기	bi-haeng-gi
billete (m) de avión	비행기표	bi-haeng-gi-pyo
compañía (f) aérea	항공사	hang-gong-sa
aeropuerto (m)	공항	gong-hang
supersónico (adj)	초음속의	cho-eum-so-gui

piloto (m)	비행사	bi-haeng-sa
azafata (f)	승무원	seung-mu-won
navegador (m)	항법사	hang-beop-sa

alas (f pl)	날개	nal-gae
cola (f)	꼬리	kko-ri
cabina (f)	조종석	jo-jong-seok
motor (m)	엔진	en-jin
tren (m) de aterrizaje	착륙 장치	chang-nyuk jang-chi
turbina (f)	터빈	teo-bin

hélice (f)	추진기	chu-jin-gi
caja (f) negra	블랙박스	beul-laek-bak-seu
timón (m)	조종간	jo-jong-gan
combustible (m)	연료	yeol-lyo

instructivo (m) de seguridad	안전 안내서	an-jeon an-nae-seo
respirador (m) de oxígeno	산소 마스크	san-so ma-seu-keu
uniforme (m)	제복	je-bok
chaleco (m) salvavidas	구명조끼	gu-myeong-jo-kki
paracaídas (m)	낙하산	nak-a-san

despegue (m)	이륙	i-ryuk
despegar (vi)	이륙하다	i-ryuk-a-da
pista (f) de despegue	활주로	hwal-ju-ro

visibilidad (f)	시계	si-gye
vuelo (m)	비행	bi-haeng
altura (f)	고도	go-do
pozo (m) de aire	에어 포켓	e-eo po-ket

asiento (m)	자리	ja-ri
auriculares (m pl)	헤드폰	he-deu-pon
mesita (f) plegable	접는 테이블	jeom-neun te-i-beul
ventana (f)	창문	chang-mun
pasillo (m)	통로	tong-no

25. El tren

tren (m)	기차, 열차	gi-cha, nyeol-cha
tren (m) de cercanías	통근 열차	tong-geun nyeol-cha
tren (m) rápido	급행 열차	geu-paeng yeol-cha
locomotora (f) diésel	디젤 기관차	di-jel gi-gwan-cha
tren (m) de vapor	증기 기관차	jeung-gi gi-gwan-cha
coche (m)	객차	gaek-cha
coche (m) restaurante	식당차	sik-dang-cha
rieles (m pl)	레일	re-il
ferrocarril (m)	철도	cheol-do
traviesa (f)	침목	chim-mok
plataforma (f)	플랫폼	peul-laet-pom
vía (f)	길	gil
semáforo (m)	신호기	sin-ho-gi
estación (f)	역	yeok
maquinista (m)	기관사	gi-gwan-sa
maletero (m)	포터	po-teo
mozo (m) del vagón	차장	cha-jang
pasajero (m)	승객	seung-gaek
revisor (m)	검표원	geom-pyo-won
corredor (m)	통로	tong-no
freno (m) de urgencia	비상 브레이크	bi-sang beu-re-i-keu
compartimiento (m)	침대차	chim-dae-cha
litera (f)	침대	chim-dae
litera (f) de arriba	윗침대	wit-chim-dae
litera (f) de abajo	아래 침대	a-rae chim-dae
ropa (f) de cama	침구	chim-gu
billete (m)	표	pyo
horario (m)	시간표	si-gan-pyo
pantalla (f) de información	안내 전광판	an-nae jeon-gwang-pan
partir (vi)	떠난다	tteo-na-da
partida (f) (del tren)	출발	chul-bal
llegar (tren)	도착하다	do-chak-a-da
llegada (f)	도착	do-chak
llegar en tren	기차로 도착하다	gi-cha-ro do-chak-a-da
tomar el tren	기차에 타다	gi-cha-e ta-da
bajar del tren	기차에서 내리다	gi-cha-e-seo nae-ri-da
descarrilamiento (m)	기차 사고	gi-cha sa-go
tren (m) de vapor	증기 기관차	jeung-gi gi-gwan-cha
fogonero (m)	화부	hwa-bu

| hogar (m) | 화실 | hwa-sil |
| carbón (m) | 석탄 | seok-tan |

26. El barco

| barco, buque (m) | 배 | bae |
| navío (m) | 배 | bae |

buque (m) de vapor	증기선	jeung-gi-seon
motonave (f)	강배	gang-bae
trasatlántico (m)	크루즈선	keu-ru-jeu-seon
crucero (m)	순양함	su-nyang-ham

| yate (m) | 요트 | yo-teu |
| remolcador (m) | 예인선 | ye-in-seon |

| velero (m) | 범선 | beom-seon |
| bergantín (m) | 쌍돛대 범선 | ssang-dot-dae beom-seon |

| rompehielos (m) | 쇄빙선 | swae-bing-seon |
| submarino (m) | 잠수함 | jam-su-ham |

bote (m) de remo	보트	bo-teu
bote (m)	종선	jong-seon
bote (m) salvavidas	구조선	gu-jo-seon
lancha (f) motora	모터보트	mo-teo-bo-teu

capitán (m)	선장	seon-jang
marinero (m)	수부	su-bu
marino (m)	선원	seon-won
tripulación (f)	승무원	seung-mu-won

contramaestre (m)	갑판장	gap-pan-jang
cocinero (m) de abordo	요리사	yo-ri-sa
médico (m) del buque	선의	seon-ui

cubierta (f)	갑판	gap-pan
mástil (m)	돛대	dot-dae
vela (f)	돛	dot

bodega (f)	화물칸	hwa-mul-kan
proa (f)	이물	i-mul
popa (f)	고물	go-mul
remo (m)	노	no
hélice (f)	스크루	seu-keu-ru

camarote (m)	선실	seon-sil
sala (f) de oficiales	사관실	sa-gwan-sil
sala (f) de máquinas	엔진실	en-jin-sil
sala (f) de radio	무전실	mu-jeon-sil

onda (f)	전파	jeon-pa
anteojo (m)	망원경	mang-won-gyeong
campana (f)	종	jong
bandera (f)	기	gi
cabo (m) (maroma)	밧줄	bat-jul
nudo (m)	매듭	mae-deup
pasamano (m)	난간	nan-gan
pasarela (f)	사다리	sa-da-ri
ancla (f)	닻	dat
levar ancla	닻을 올리다	da-cheul rol-li-da
echar ancla	닻을 내리다	da-cheul lae-ri-da
cadena (f) del ancla	닻줄	dat-jul
puerto (m)	항구	hang-gu
embarcadero (m)	부두	bu-du
amarrar (vt)	정박시키다	jeong-bak-si-ki-da
desamarrar (vt)	출항하다	chul-hang-ha-da
viaje (m)	여행	yeo-haeng
crucero (m) (viaje)	크루즈	keu-ru-jeu
derrota (f) (rumbo)	항로	hang-no
itinerario (m)	노선	no-seon
canal (m) navegable	항로	hang-no
bajío (m)	얕은 곳	ya-teun got
encallar (vi)	좌초하다	jwa-cho-ha-da
tempestad (f)	폭풍우	pok-pung-u
señal (f)	신호	sin-ho
hundirse (vr)	가라앉다	ga-ra-an-da
SOS	조난 신호	jo-nan sin-ho
aro (m) salvavidas	구명부환	gu-myeong-bu-hwan

BOOKS
T&P

LA CIUDAD

T&P Books Publishing

autobús (m)	버스	beo-seu
tranvía (m)	전차	jeon-cha
trolebús (m)	트롤리 버스	teu-rol-li beo-seu
itinerario (m)	노선	no-seon
número (m)	번호	beon-ho
ir en …	… 타고 가다	… ta-go ga-da
tomar (~ el autobús)	타다	ta-da
bajar (~ del tren)	… 에서 내리다	… e-seo nae-ri-da
parada (f)	정류장	jeong-nyu-jang
próxima parada (f)	다음 정류장	da-eum jeong-nyu-jang
parada (f) final	종점	jong-jeom
horario (m)	시간표	si-gan-pyo
esperar (aguardar)	기다리다	gi-da-ri-da
billete (m)	표	pyo
precio (m) del billete	요금	yo-geum
cajero (m)	계산원	gye-san-won
control (m) de billetes	검표	geom-pyo
revisor (m)	검표원	geom-pyo-won
llegar tarde (vi)	… 시간에 늦다	… si-gan-e neut-da
perder (~ el tren)	놓치다	no-chi-da
tener prisa	서두르다	seo-du-reu-da
taxi (m)	택시	taek-si
taxista (m)	택시 운전 기사	taek-si un-jeon gi-sa
en taxi	택시로	taek-si-ro
parada (f) de taxi	택시 정류장	taek-si jeong-nyu-jang
llamar un taxi	택시를 부르다	taek-si-reul bu-reu-da
tomar un taxi	택시를 타다	taek-si-reul ta-da
tráfico (m)	교통	gyo-tong
atasco (m)	교통 체증	gyo-tong che-jeung
horas (f pl) de punta	러시 아워	reo-si a-wo
aparcar (vi)	주차하다	ju-cha-ha-da
aparcar (vt)	주차하다	ju-cha-ha-da
aparcamiento (m)	주차장	ju-cha-jang
metro (m)	지하철	ji-ha-cheol
estación (f)	역	yeok
ir en el metro	지하철을 타다	ji-ha-cheo-reul ta-da

| tren (m) | 기차 | gi-cha |
| estación (f) | 기차역 | gi-cha-yeok |

28. La ciudad. La vida en la ciudad

ciudad (f)	도시	do-si
capital (f)	수도	su-do
aldea (f)	마을	ma-eul

plano (m) de la ciudad	도시 지도	do-si ji-do
centro (m) de la ciudad	시내	si-nae
suburbio (m)	근교	geun-gyo
suburbano (adj)	근교의	geun-gyo-ui

afueras (f pl)	주변	ju-byeon
barrio (m)	한 구획	han gu-hoek
zona (f) de viviendas	동	dong

tráfico (m)	교통	gyo-tong
semáforo (m)	신호등	sin-ho-deung
transporte (m) urbano	대중교통	dae-jung-gyo-tong
cruce (m)	교차로	gyo-cha-ro

paso (m) de peatones	횡단 보도	hoeng-dan bo-do
paso (m) subterráneo	지하 보도	ji-ha bo-do
cruzar (vt)	건너가다	geon-neo-ga-da
peatón (m)	보행자	bo-haeng-ja
acera (f)	인도	in-do

| puente (m) | 다리 | da-ri |
| muelle (m) | 강변로 | gang-byeon-no |

alameda (f)	길	gil
parque (m)	공원	gong-won
bulevar (m)	대로	dae-ro
plaza (f)	광장	gwang-jang
avenida (f)	가로	ga-ro
calle (f)	거리	geo-ri
callejón (m)	골목	gol-mok
callejón (m) sin salida	막다른길	mak-da-reun-gil

casa (f)	집	jip
edificio (m)	빌딩	bil-ding
rascacielos (m)	고층 건물	go-cheung geon-mul

fachada (f)	전면	jeon-myeon
techo (m)	지붕	ji-bung
ventana (f)	창문	chang-mun
arco (m)	아치	a-chi
columna (f)	기둥	gi-dung

esquina (f)	모퉁이	mo-tung-i
escaparate (f)	쇼윈도우	syo-win-do-u
letrero (m) (~ luminoso)	간판	gan-pan
cartel (m)	포스터	po-seu-teo
cartel (m) publicitario	광고 포스터	gwang-go po-seu-teo
valla (f) publicitaria	광고판	gwang-go-pan
basura (f)	쓰레기	sseu-re-gi
cajón (m) de basura	쓰레기통	sseu-re-gi-tong
basurero (m)	쓰레기장	sseu-re-gi-jang
cabina (f) telefónica	공중 전화	gong-jung jeon-hwa
farola (f)	가로등	ga-ro-deung
banco (m) (del parque)	벤치	ben-chi
policía (m)	경찰관	gyeong-chal-gwan
policía (f) (~ nacional)	경찰	gyeong-chal
mendigo (m)	거지	geo-ji
persona (f) sin hogar	노숙자	no-suk-ja

29. Las instituciones urbanas

tienda (f)	가게, 상점	ga-ge, sang-jeom
farmacia (f)	약국	yak-guk
óptica (f)	안경 가게	an-gyeong ga-ge
centro (m) comercial	쇼핑몰	syo-ping-mol
supermercado (m)	슈퍼마켓	syu-peo-ma-ket
panadería (f)	빵집	ppang-jip
panadero (m)	제빵사	je-ppang-sa
pastelería (f)	제과점	je-gwa-jeom
tienda (f) de comestibles	식료품점	sing-nyo-pum-jeom
carnicería (f)	정육점	jeong-yuk-jeom
verdulería (f)	야채 가게	ya-chae ga-ge
mercado (m)	시장	si-jang
cafetería (f)	커피숍	keo-pi-syop
restaurante (m)	레스토랑	re-seu-to-rang
cervecería (f)	바	ba
pizzería (f)	피자 가게	pi-ja ga-ge
peluquería (f)	미장원	mi-jang-won
oficina (f) de correos	우체국	u-che-guk
tintorería (f)	드라이 클리닝	deu-ra-i keul-li-ning
estudio (m) fotográfico	사진관	sa-jin-gwan
zapatería (f)	신발 가게	sin-bal ga-ge
librería (f)	서점	seo-jeom
tienda (f) deportiva	스포츠용품 매장	seu-po-cheu-yong-pum mae-jang

arreglos (m pl) de ropa	옷 수선 가게	ot su-seon ga-ge
alquiler (m) de ropa	의류 임대	ui-ryu im-dae
videoclub (m)	비디오 대여	bi-di-o dae-yeo
circo (m)	서커스	seo-keo-seu
zoológico (m)	동물원	dong-mu-rwon
cine (m)	영화관	yeong-hwa-gwan
museo (m)	박물관	bang-mul-gwan
biblioteca (f)	도서관	do-seo-gwan
teatro (m)	극장	geuk-jang
ópera (f)	오페라극장	o-pe-ra-geuk-jang
club (m) nocturno	나이트 클럽	na-i-teu keul-leop
casino (m)	카지노	ka-ji-no
mezquita (f)	모스크	mo-seu-keu
sinagoga (f)	유대교 회당	yu-dae-gyo hoe-dang
catedral (f)	대성당	dae-seong-dang
templo (m)	사원, 신전	sa-won, sin-jeon
iglesia (f)	교회	gyo-hoe
instituto (m)	단과대학	dan-gwa-dae-hak
universidad (f)	대학교	dae-hak-gyo
escuela (f)	학교	hak-gyo
prefectura (f)	도, 현	do, hyeon
alcaldía (f)	시청	si-cheong
hotel (m)	호텔	ho-tel
banco (m)	은행	eun-haeng
embajada (f)	대사관	dae-sa-gwan
agencia (f) de viajes	여행사	yeo-haeng-sa
oficina (f) de información	안내소	an-nae-so
oficina (f) de cambio	환전소	hwan-jeon-so
metro (m)	지하철	ji-ha-cheol
hospital (m)	병원	byeong-won
gasolinera (f)	주유소	ju-yu-so
aparcamiento (m)	주차장	ju-cha-jang

30. Los avisos

letrero (m) (~ luminoso)	간판	gan-pan
cartel (m) (texto escrito)	안내문	an-nae-mun
pancarta (f)	포스터	po-seu-teo
señal (m) de dirección	방향표시	bang-hyang-pyo-si
flecha (f) (signo)	화살표	hwa-sal-pyo
advertencia (f)	경고	gyeong-go
aviso (m)	경고판	gyeong-go-pan

advertir (vt)	경고하다	gyeong-go-ha-da
día (m) de descanso	휴일	hyu-il
horario (m)	시간표	si-gan-pyo
horario (m) de apertura	영업 시간	yeong-eop si-gan
¡BIENVENIDOS!	어서 오세요!	eo-seo o-se-yo!
ENTRADA	입구	ip-gu
SALIDA	출구	chul-gu
EMPUJAR	미세요	mi-se-yo
TIRAR	당기세요	dang-gi-se-yo
ABIERTO	열림	yeol-lim
CERRADO	닫힘	da-chim
MUJERES	여성전용	yeo-seong-jeo-nyong
HOMBRES	남성	nam-seong-jeo-nyong
REBAJAS	할인	ha-rin
SALDOS	세일	se-il
NOVEDAD	신상품	sin-sang-pum
GRATIS	공짜	gong-jja
¡ATENCIÓN!	주의!	ju-ui!
COMPLETO	빈 방 없음	bin bang eop-seum
RESERVADO	예약석	ye-yak-seok
ADMINISTRACIÓN	관리부	gwal-li-bu
SÓLO PERSONAL AUTORIZADO	직원 전용	ji-gwon jeo-nyong
CUIDADO CON EL PERRO	개조심	gae-jo-sim
PROHIBIDO FUMAR	금연	geu-myeon
NO TOCAR	손 대지 마시오!	son dae-ji ma-si-o!
PELIGROSO	위험	wi-heom
PELIGRO	위험	wi-heom
ALTA TENSIÓN	고전압	go-jeon-ap
PROHIBIDO BAÑARSE	수영 금지	su-yeong geum-ji
NO FUNCIONA	수리중	su-ri-jung
INFLAMABLE	가연성 물자	ga-yeon-seong mul-ja
PROHIBIDO	금지	geum-ji
PROHIBIDO EL PASO	출입 금지	chu-rip geum-ji
RECIÉN PINTADO	칠 주의	chil ju-ui

31. Las compras

comprar (vt)	사다	sa-da
compra (f)	구매	gu-mae

hacer compras	쇼핑하다	syo-ping-ha-da
compras (f pl)	쇼핑	syo-ping
estar abierto (tienda)	열리다	yeol-li-da
estar cerrado	닫다	dat-da
calzado (m)	신발	sin-bal
ropa (f)	옷	ot
cosméticos (m pl)	화장품	hwa-jang-pum
productos alimenticios	식품	sik-pum
regalo (m)	선물	seon-mul
vendedor (m)	판매원	pan-mae-won
vendedora (f)	여판매원	yeo-pan-mae-won
caja (f)	계산대	gye-san-dae
espejo (m)	거울	geo-ul
mostrador (m)	계산대	gye-san-dae
probador (m)	탈의실	ta-rui-sil
probar (un vestido)	입어보다	i-beo-bo-da
quedar (una ropa, etc.)	어울리다	eo-ul-li-da
gustar (vi)	좋아하다	jo-a-ha-da
precio (m)	가격	ga-gyeok
etiqueta (f) de precio	가격표	ga-gyeok-pyo
costar (vt)	값이 … 이다	gap-si … i-da
¿Cuánto?	얼마?	eol-ma?
descuento (m)	할인	ha-rin
no costoso (adj)	비싸지 않은	bi-ssa-ji a-neun
barato (adj)	싼	ssan
caro (adj)	비싼	bi-ssan
Es caro	비쌉니다	bi-ssam-ni-da
alquiler (m)	임대	im-dae
alquilar (vt)	빌리다	bil-li-da
crédito (m)	신용	si-nyong
a crédito (adv)	신용으로	si-nyong-eu-ro

T&P BOOKS

LA ROPA Y LOS ACCESORIOS

T&P Books Publishing

32. La ropa exterior. Los abrigos

ropa (f)	옷	ot
ropa (f) de calle	겉옷	geo-tot
ropa (f) de invierno	겨울옷	gyeo-u-rot
abrigo (m)	코트	ko-teu
abrigo (m) de piel	모피 외투	mo-pi oe-tu
abrigo (m) corto de piel	짧은 모피 외투	jjal-beun mo-pi oe-tu
chaqueta (f) plumón	패딩점퍼	pae-ding-jeom-peo
cazadora (f)	재킷	jae-kit
impermeable (m)	트렌치코트	teu-ren-chi-ko-teu
impermeable (adj)	방수의	bang-su-ui

33. Ropa de hombre y mujer

camisa (f)	셔츠	syeo-cheu
pantalones (m pl)	바지	ba-ji
jeans, vaqueros (m pl)	청바지	cheong-ba-ji
chaqueta (f), saco (m)	재킷	jae-kit
traje (m)	양복	yang-bok
vestido (m)	드레스	deu-re-seu
falda (f)	치마	chi-ma
blusa (f)	블라우스	beul-la-u-seu
rebeca (f),	니트 재킷	ni-teu jae-kit
chaqueta (f) de punto		
chaqueta (f)	재킷	jae-kit
camiseta (f) (T-shirt)	티셔츠	ti-syeo-cheu
pantalones (m pl) cortos	반바지	ban-ba-ji
traje (m) deportivo	운동복	un-dong-bok
bata (f) de baño	목욕가운	mo-gyok-ga-un
pijama (m)	파자마	pa-ja-ma
suéter (m)	스웨터	seu-we-teo
pulóver (m)	풀오버	pu-ro-beo
chaleco (m)	조끼	jo-kki
frac (m)	연미복	yeon-mi-bok
esmoquin (m)	턱시도	teok-si-do
uniforme (m)	제복	je-bok
ropa (f) de trabajo	작업복	ja-geop-bok

| mono (m) | 작업바지 | ja-geop-ba-ji |
| bata (f) (p. ej. ~ blanca) | 가운 | ga-un |

34. La ropa. La ropa interior

ropa (f) interior	속옷	so-got
camiseta (f) interior	러닝 셔츠	reo-ning syeo-cheu
calcetines (m pl)	양말	yang-mal

camisón (m)	잠옷	jam-ot
sostén (m)	브라	beu-ra
calcetines (m pl) altos	무릎길이 스타킹	mu-reup-gi-ri seu-ta-king
pantimedias (f pl)	팬티 스타킹	paen-ti seu-ta-king
medias (f pl)	밴드 스타킹	baen-deu seu-ta-king
traje (m) de baño	수영복	su-yeong-bok

35. Gorras

gorro (m)	모자	mo-ja
sombrero (m) de fieltro	중절모	jung-jeol-mo
gorra (f) de béisbol	야구 모자	ya-gu mo-ja
gorra (f) plana	플랫캡	peul-laet-kaep

boina (f)	베레모	be-re-mo
capuchón (m)	후드	hu-deu
panamá (m)	파나마 모자	pa-na-ma mo-ja
gorro (m) de punto	니트 모자	ni-teu mo-ja

| pañuelo (m) | 스카프 | seu-ka-peu |
| sombrero (m) de mujer | 여성용 모자 | yeo-seong-yong mo-ja |

casco (m) (~ protector)	안전모	an-jeon-mo
gorro (m) de campaña	개리슨 캡	gae-ri-seun kaep
casco (m) (~ de moto)	헬멧	hel-met

36. El calzado

calzado (m)	신발	sin-bal
botas (f pl)	구두	gu-du
zapatos (m pl) (~ de tacón bajo)	구두	gu-du
botas (f pl) altas	부츠	bu-cheu
zapatillas (f pl)	슬리퍼	seul-li-peo

| tenis (m pl) | 운동화 | un-dong-hwa |
| zapatillas (f pl) de lona | 스니커즈 | seu-ni-keo-jeu |

sandalias (f pl)	샌들	saen-deul
zapatero (m)	구둣방	gu-dut-bang
tacón (m)	굽	gup
par (m)	켤레	kyeol-le

cordón (m)	끈	kkeun
encordonar (vt)	끈을 매다	kkeu-neul mae-da
calzador (m)	구둣주걱	gu-dut-ju-geok
betún (m)	구두약	gu-du-yak

37. Accesorios personales

guantes (m pl)	장갑	jang-gap
manoplas (f pl)	벙어리장갑	beong-eo-ri-jang-gap
bufanda (f)	목도리	mok-do-ri

gafas (f pl)	안경	an-gyeong
montura (f)	안경테	an-gyeong-te
paraguas (m)	우산	u-san
bastón (m)	지팡이	ji-pang-i
cepillo (m) de pelo	빗, 솔빗	bit, sol-bit
abanico (m)	부채	bu-chae

corbata (f)	넥타이	nek-ta-i
pajarita (f)	나비넥타이	na-bi-nek-ta-i
tirantes (m pl)	멜빵	mel-ppang
moquero (m)	손수건	son-su-geon

peine (m)	빗	bit
pasador (m) de pelo	머리핀	meo-ri-pin
horquilla (f)	머리핀	meo-ri-pin
hebilla (f)	버클	beo-keul

| cinturón (m) | 벨트 | bel-teu |
| correa (f) (de bolso) | 어깨끈 | eo-kkae-kkeun |

bolsa (f)	가방	ga-bang
bolso (m)	핸드백	haen-deu-baek
mochila (f)	배낭	bae-nang

38. La ropa. Miscelánea

moda (f)	패션	pae-syeon
de moda (adj)	유행하는	yu-haeng-ha-neun
diseñador (m) de moda	패션 디자이너	pae-syeon di-ja-i-neo

| cuello (m) | 옷깃 | ot-git |
| bolsillo (m) | 주머니, 포켓 | ju-meo-ni, po-ket |

de bolsillo (adj)	주머니의	ju-meo-ni-ui
manga (f)	소매	so-mae
presilla (f)	거는 끈	geo-neun kkeun
bragueta (f)	바지 지퍼	ba-ji ji-peo

cremallera (f)	지퍼	ji-peo
cierre (m)	조임쇠	jo-im-soe
botón (m)	단추	dan-chu
ojal (m)	단춧 구멍	dan-chut gu-meong
saltar (un botón)	떨어지다	tteo-reo-ji-da

coser (vi, vt)	바느질하다	ba-neu-jil-ha-da
bordar (vt)	수놓다	su-no-ta
bordado (m)	자수	ja-su
aguja (f)	바늘	ba-neul
hilo (m)	실	sil
costura (f)	솔기	sol-gi

ensuciarse (vr)	더러워지다	deo-reo-wo-ji-da
mancha (f)	얼룩	eol-luk
arrugarse (vr)	구겨지다	gu-gyeo-ji-da
rasgar (vt)	찢다	jjit-da
polilla (f)	좀	jom

39. Productos personales. Cosméticos

pasta (f) de dientes	치약	chi-yak
cepillo (m) de dientes	칫솔	chit-sol
limpiarse los dientes	이를 닦다	i-reul dak-da

maquinilla (f) de afeitar	면도기	myeon-do-gi
crema (f) de afeitar	면도용 크림	myeon-do-yong keu-rim
afeitarse (vr)	깎다	kkak-da

| jabón (m) | 비누 | bi-nu |
| champú (m) | 샴푸 | syam-pu |

tijeras (f pl)	가위	ga-wi
lima (f) de uñas	손톱줄	son-top-jul
cortaúñas (m pl)	손톱깎이	son-top-kka-kki
pinzas (f pl)	족집게	jok-jip-ge

cosméticos (m pl)	화장품	hwa-jang-pum
mascarilla (f)	얼굴 마스크	eol-gul ma-seu-keu
manicura (f)	매니큐어	mae-ni-kyu-eo
hacer la manicura	매니큐어를 칠하다	mae-ni-kyu-eo-reul chil-ha-da

pedicura (f)	페디큐어	pe-di-kyu-eo
bolsa (f) de maquillaje	화장품 가방	hwa-jang-pum ga-bang
polvos (m pl)	분	bun

| polvera (f) | 콤팩트 | kom-paek-teu |
| colorete (m), rubor (m) | 블러셔 | beul-leo-syeo |

perfume (m)	향수	hyang-su
agua (f) de tocador	화장수	hwa-jang-su
loción (f)	로션	ro-syeon
agua (f) de Colonia	오드콜로뉴	o-deu-kol-lo-nyu

sombra (f) de ojos	아이섀도	a-i-syae-do
lápiz (m) de ojos	아이라이너	a-i-ra-i-neo
rímel (m)	마스카라	ma-seu-ka-ra

pintalabios (m)	립스틱	rip-seu-tik
esmalte (m) de uñas	매니큐어	mae-ni-kyu-eo
fijador (m) para el pelo	헤어 스프레이	he-eo seu-peu-re-i
desodorante (m)	데오도란트	de-o-do-ran-teu

crema (f)	크림	keu-rim
crema (f) de belleza	얼굴 크림	eol-gul keu-rim
crema (f) de manos	핸드 크림	haen-deu keu-rim
crema (f) antiarrugas	주름제거 크림	ju-reum-je-geo keu-rim
de día (adj)	낮의	na-jui
de noche (adj)	밤의	ba-mui

tampón (m)	탐폰	tam-pon
papel (m) higiénico	화장지	hwa-jang-ji
secador (m) de pelo	헤어 드라이어	he-eo deu-ra-i-eo

40. Los relojes

reloj (m)	손목 시계	son-mok si-gye
esfera (f)	문자반	mun-ja-ban
aguja (f)	바늘	ba-neul
pulsera (f)	금속제 시계줄	geum-sok-je si-gye-jul
correa (f) (del reloj)	시계줄	si-gye-jul

pila (f)	건전지	geon-jeon-ji
descargarse (vr)	나가다	na-ga-da
cambiar la pila	배터리를 갈다	bae-teo-ri-reul gal-da
adelantarse (vr)	빨리 가다	ppal-li ga-da
retrasarse (vr)	늦게 가다	neut-ge ga-da

reloj (m) de pared	벽시계	byeok-si-gye
reloj (m) de arena	모래시계	mo-rae-si-gye
reloj (m) de sol	해시계	hae-si-gye
despertador (m)	알람 시계	al-lam si-gye
relojero (m)	시계 기술자	si-gye gi-sul-ja
reparar (vt)	수리하다	su-ri-ha-da

LA EXPERIENCIA DIARIA

dinero (m)	돈	don
cambio (m)	환전	hwan-jeon
curso (m)	환율	hwa-nyul
cajero (m) automático	현금 자동 지급기	hyeon-geum ja-dong ji-geup-gi
moneda (f)	동전	dong-jeon
dólar (m)	달러	dal-leo
euro (m)	유로	yu-ro
lira (f)	리라	ri-ra
marco (m) alemán	마르크	ma-reu-keu
franco (m)	프랑	peu-rang
libra esterlina (f)	파운드	pa-un-deu
yen (m)	엔	en
deuda (f)	빚	bit
deudor (m)	채무자	chae-mu-ja
prestar (vt)	빌려주다	bil-lyeo-ju-da
tomar prestado	빌리다	bil-li-da
banco (m)	은행	eun-haeng
cuenta (f)	계좌	gye-jwa
ingresar en la cuenta	계좌에 입금하다	ip-geum-ha-da
sacar de la cuenta	출금하다	chul-geum-ha-da
tarjeta (f) de crédito	신용 카드	si-nyong ka-deu
dinero (m) en efectivo	현금	hyeon-geum
cheque (m)	수표	su-pyo
sacar un cheque	수표를 끊다	su-pyo-reul kkeun-ta
talonario (m)	수표책	su-pyo-chaek
cartera (f)	지갑	ji-gap
monedero (m)	동전지갑	dong-jeon-ji-gap
caja (f) fuerte	금고	geum-go
heredero (m)	상속인	sang-so-gin
herencia (f)	유산	yu-san
fortuna (f)	재산, 큰돈	jae-san, keun-don
arriendo (m)	임대	im-dae
alquiler (m) (dinero)	집세	jip-se
alquilar (~ una casa)	임대하다	im-dae-ha-da
precio (m)	가격	ga-gyeok

coste (m)	비용	bi-yong
suma (f)	액수	aek-su

gastar (vt)	쓰다	sseu-da
gastos (m pl)	출비를	chul-bi-reul
economizar (vi, vt)	절약하다	jeo-ryak-a-da
económico (adj)	경제적인	gyeong-je-jeo-gin

pagar (vi, vt)	지불하다	ji-bul-ha-da
pago (m)	지불	ji-bul
cambio (m) (devolver el ~)	거스름돈	geo-seu-reum-don

impuesto (m)	세금	se-geum
multa (f)	벌금	beol-geum
multar (vt)	벌금을 부과하다	beol-geu-meul bu-gwa-ha-da

42. La oficina de correos

oficina (f) de correos	우체국	u-che-guk
correo (m) (cartas, etc.)	우편물	u-pyeon-mul
cartero (m)	우체부	u-che-bu
horario (m) de apertura	영업 시간	yeong-eop si-gan

carta (f)	편지	pyeon-ji
carta (f) certificada	등기 우편	deung-gi u-pyeon
tarjeta (f) postal	엽서	yeop-seo
telegrama (m)	전보	jeon-bo
paquete (m) postal	소포	so-po
giro (m) postal	송금	song-geum

recibir (vt)	받다	bat-da
enviar (vt)	보내다	bo-nae-da
envío (m)	발송	bal-song
dirección (f)	주소	ju-so
código (m) postal	우편 번호	u-pyeon beon-ho
expedidor (m)	발송인	bal-song-in
destinatario (m)	수신인	su-sin-in

nombre (m)	이름	i-reum
apellido (m)	성	seong

tarifa (f)	요금	yo-geum
ordinario (adj)	일반의	il-ba-nui
económico (adj)	경제적인	gyeong-je-jeo-gin

peso (m)	무게	mu-ge
pesar (~ una carta)	무게를 달다	mu-ge-reul dal-da
sobre (m)	봉투	bong-tu
sello (m)	우표	u-pyo

43. La banca

banco (m)	은행	eun-haeng
sucursal (f)	지점	ji-jeom
consultor (m)	행원	haeng-won
gerente (m)	지배인	ji-bae-in
cuenta (f)	은행계좌	eun-haeng-gye-jwa
numero (m) de la cuenta	계좌 번호	gye-jwa beon-ho
cuenta (f) corriente	당좌	dang-jwa
cuenta (f) de ahorros	보통 예금	bo-tong ye-geum
abrir una cuenta	계좌를 열다	gye-jwa-reul ryeol-da
cerrar la cuenta	계좌를 해지하다	gye-jwa-reul hae-ji-ha-da
ingresar en la cuenta	계좌에 입금하다	ip-geum-ha-da
sacar de la cuenta	출금하다	chul-geum-ha-da
depósito (m)	저금	jeo-geum
hacer un depósito	입금하다	ip-geum-ha-da
giro (m) bancario	송금	song-geum
hacer un giro	송금하다	song-geum-ha-da
suma (f)	액수	aek-su
¿Cuánto?	얼마?	eol-ma?
firma (f) (nombre)	서명	seo-myeong
firmar (vt)	서명하다	seo-myeong-ha-da
tarjeta (f) de crédito	신용 카드	si-nyong ka-deu
código (m)	비밀번호	bi-mil-beon-ho
número (m) de tarjeta de crédito	신용 카드 번호	si-nyong ka-deu beon-ho
cajero (m) automático	현금 자동 지급기	hyeon-geum ja-dong ji-geup-gi
cheque (m)	수표	su-pyo
sacar un cheque	수표를 끊다	su-pyo-reul kkeun-ta
talonario (m)	수표책	su-pyo-chaek
crédito (m)	대출	dae-chul
pedir el crédito	대출 신청하다	dae-chul sin-cheong-ha-da
obtener un crédito	대출을 받다	dae-chu-reul bat-da
conceder un crédito	대출하다	dae-chul-ha-da
garantía (f)	담보	dam-bo

44. El teléfono. Las conversaciones telefónicas

teléfono (m)	전화	jeon-hwa
teléfono (m) móvil	휴대폰	hyu-dae-pon

contestador (m)	자동 응답기	ja-dong eung-dap-gi
llamar, telefonear	전화하다	jeon-hwa-ha-da
llamada (f)	통화	tong-hwa

marcar un número	번호로 걸다	beon-ho-ro geol-da
¿Sí?, ¿Dígame?	여보세요!	yeo-bo-se-yo!
preguntar (vt)	묻다	mut-da
responder (vi, vt)	전화를 받다	jeon-hwa-reul bat-da

oír (vt)	듣다	deut-da
bien (adv)	잘	jal
mal (adv)	좋지 않은	jo-chi a-neun
ruidos (m pl)	잡음	ja-beum

auricular (m)	수화기	su-hwa-gi
descolgar (el teléfono)	전화를 받다	jeon-hwa-reul bat-da
colgar el auricular	전화를 끊다	jeon-hwa-reul kkeun-ta

ocupado (adj)	통화 중인	tong-hwa jung-in
sonar (teléfono)	울리다	ul-li-da
guía (f) de teléfonos	전화 번호부	jeon-hwa beon-ho-bu

local (adj)	시내의	si-nae-ui
de larga distancia	장거리의	jang-geo-ri-ui
internacional (adj)	국제적인	guk-je-jeo-gin

45. El teléfono celular

teléfono (m) móvil	휴대폰	hyu-dae-pon
pantalla (f)	화면	hwa-myeon
botón (m)	버튼	beo-teun
tarjeta SIM (f)	SIM 카드	SIM ka-deu

pila (f)	건전지	geon-jeon-ji
descargarse (vr)	나가다	na-ga-da
cargador (m)	충전기	chung-jeon-gi

menú (m)	메뉴	me-nyu
preferencias (f pl)	설정	seol-jeong
melodía (f)	벨소리	bel-so-ri
seleccionar (vt)	선택하다	seon-taek-a-da

| calculadora (f) | 계산기 | gye-san-gi |
| contestador (m) | 자동 응답기 | ja-dong eung-dap-gi |

| despertador (m) | 알람 시계 | al-lam si-gye |
| contactos (m pl) | 연락처 | yeol-lak-cheo |

| mensaje (m) de texto | 문자 메시지 | mun-ja me-si-ji |
| abonado (m) | 가입자 | ga-ip-ja |

46. Los artículos de escritorio. La papelería

bolígrafo (m)	볼펜	bol-pen
pluma (f) estilográfica	만년필	man-nyeon-pil
lápiz (m)	연필	yeon-pil
marcador (m)	형광펜	hyeong-gwang-pen
rotulador (m)	사인펜	sa-in-pen
bloc (m) de notas	공책	gong-chaek
agenda (f)	수첩	su-cheop
regla (f)	자	ja
calculadora (f)	계산기	gye-san-gi
goma (f) de borrar	지우개	ji-u-gae
chincheta (f)	압정	ap-jeong
clip (m)	클립	keul-lip
cola (f), pegamento (m)	접착제	jeop-chak-je
grapadora (f)	호치키스	ho-chi-ki-seu
perforador (m)	펀치	peon-chi
sacapuntas (m)	연필깎이	yeon-pil-kka-kki

47. Los idiomas extranjeros

lengua (f)	언어	eon-eo
lengua (f) extranjera	외국어	oe-gu-geo
estudiar (vt)	공부하다	gong-bu-ha-da
aprender (ingles, etc.)	배우다	bae-u-da
leer (vi, vt)	읽다	ik-da
hablar (vi, vt)	말하다	mal-ha-da
comprender (vt)	이해하다	i-hae-ha-da
escribir (vt)	쓰다	sseu-da
rápidamente (adv)	빨리	ppal-li
lentamente (adv)	천천히	cheon-cheon-hi
con fluidez (adv)	유창하게	yu-chang-ha-ge
reglas (f pl)	규칙	gyu-chik
gramática (f)	문법	mun-beop
vocabulario (m)	어휘	eo-hwi
fonética (f)	음성학	eum-seong-hak
manual (m)	교과서	gyo-gwa-seo
diccionario (m)	사전	sa-jeon
manual (m) autodidáctico	자습서	ja-seup-seo
guía (f) de conversación	회화집	hoe-hwa-jip
casete (m)	테이프	te-i-peu

videocasete (f)	비디오테이프	bi-di-o-te-i-peu
disco compacto, CD (m)	씨디	ssi-di
DVD (m)	디비디	di-bi-di
alfabeto (m)	알파벳	al-pa-bet
deletrear (vt)	··· 의 철자이다	... ui cheol-ja-i-da
pronunciación (f)	발음	ba-reum
acento (m)	악센트	ak-sen-teu
con acento	사투리로	sa-tu-ri-ro
sin acento	억양 없이	eo-gyang eop-si
palabra (f)	단어	dan-eo
significado (m)	의미	ui-mi
cursos (m pl)	강좌	gang-jwa
inscribirse (vr)	등록하다	deung-nok-a-da
profesor (m) (~ de inglés)	강사	gang-sa
traducción (f) (proceso)	번역	beo-nyeok
traducción (f) (texto)	번역	beo-nyeok
traductor (m)	번역가	beo-nyeok-ga
intérprete (m)	통역가	tong-yeok-ga
políglota (m)	수개 국어를 말하는 사람	su-gae gu-geo-reul mal-ha-neun sa-ram
memoria (f)	기억력	gi-eong-nyeok

T&P BOOKS

LAS COMIDAS. EL RESTAURANTE

T&P Books Publishing

48. Los cubiertos

cuchara (f)	숟가락	sut-ga-rak
cuchillo (m)	나이프	na-i-peu
tenedor (m)	포크	po-keu
taza (f)	컵	keop
plato (m)	접시	jeop-si
platillo (m)	받침 접시	bat-chim jeop-si
servilleta (f)	냅킨	naep-kin
mondadientes (m)	이쑤시개	i-ssu-si-gae

49. El restaurante

restaurante (m)	레스토랑	re-seu-to-rang
cafetería (f)	커피숍	keo-pi-syop
bar (m)	바	ba
salón (m) de té	카페, 티룸	ka-pe, ti-rum
camarero (m)	웨이터	we-i-teo
camarera (f)	웨이트리스	we-i-teu-ri-seu
barman (m)	바텐더	ba-ten-deo
carta (f), menú (m)	메뉴판	me-nyu-pan
carta (f) de vinos	와인 메뉴	wa-in me-nyu
reservar una mesa	테이블 예약을 하다	te-i-beul rye-ya-geul ha-da
plato (m)	요리, 코스	yo-ri, ko-seu
pedir (vt)	주문하다	ju-mun-ha-da
hacer un pedido	주문을 하다	ju-mu-neul ha-da
aperitivo (m)	아페리티프	a-pe-ri-ti-peu
entremés (m)	애피타이저	ae-pi-ta-i-jeo
postre (m)	디저트	di-jeo-teu
cuenta (f)	계산서	gye-san-seo
pagar la cuenta	계산하다	gye-san-ha-da
dar la vuelta	거스름돈을 주다	geo-seu-reum-do-neul ju-da
propina (f)	팁	tip

50. Las comidas

comida (f)	음식	eum-sik
comer (vi, vt)	먹다	meok-da
desayuno (m)	아침식사	a-chim-sik-sa
desayunar (vi)	아침을 먹다	a-chim-meul meok-da
almuerzo (m)	점심식사	jeom-sim-sik-sa
almorzar (vi)	점심을 먹다	jeom-si-meul meok-da
cena (f)	저녁식사	jeo-nyeok-sik-sa
cenar (vi)	저녁을 먹다	jeo-nyeo-geul meok-da
apetito (m)	식욕	si-gyok
¡Que aproveche!	맛있게 드십시오!	man-nit-ge deu-sip-si-o!
abrir (vt)	열다	yeol-da
derramar (líquido)	엎지르다	eop-ji-reu-da
derramarse (líquido)	쏟아지다	sso-da-ji-da
hervir (vi)	끓다	kkeul-ta
hervir (vt)	끓이다	kkeu-ri-da
hervido (agua ~a)	끓인	kkeu-rin
enfriar (vt)	식히다	sik-i-da
enfriarse (vr)	식다	sik-da
sabor (m)	맛	mat
regusto (m)	뒷 맛	dwit mat
adelgazar (vi)	살을 빼다	sa-reul ppae-da
dieta (f)	다이어트	da-i-eo-teu
vitamina (f)	비타민	bi-ta-min
caloría (f)	칼로리	kal-lo-ri
vegetariano (m)	채식주의자	chae-sik-ju-ui-ja
vegetariano (adj)	채식주의의	chae-sik-ju-ui-ui
grasas (f pl)	지방	ji-bang
proteínas (f pl)	단백질	dan-baek-jil
carbohidratos (m pl)	탄수화물	tan-su-hwa-mul
loncha (f)	조각	jo-gak
pedazo (m)	조각	jo-gak
miga (f)	부스러기	bu-seu-reo-gi

51. Los platos

plato (m)	요리, 코스	yo-ri, ko-seu
cocina (f)	요리	yo-ri
receta (f)	요리법	yo-ri-beop
porción (f)	분량	bul-lyang

| ensalada (f) | 샐러드 | sael-leo-deu |
| sopa (f) | 수프 | su-peu |

caldo (m)	육수	yuk-su
bocadillo (m)	샌드위치	saen-deu-wi-chi
huevos (m pl) fritos	계란후라이	gye-ran-hu-ra-i

| hamburguesa (f) | 햄버거 | haem-beo-geo |
| bistec (m) | 비프스테이크 | bi-peu-seu-te-i-keu |

guarnición (f)	사이드 메뉴	sa-i-deu me-nyu
espagueti (m)	스파게티	seu-pa-ge-ti
puré (m) de patatas	으깬 감자	eu-kkaen gam-ja
pizza (f)	피자	pi-ja
gachas (f pl)	죽	juk
tortilla (f) francesa	오믈렛	o-meul-let

cocido en agua (adj)	삶은	sal-meun
ahumado (adj)	훈제된	hun-je-doen
frito (adj)	뛰긴	twi-gin
seco (adj)	말린	mal-lin
congelado (adj)	얼린	eol-lin
marinado (adj)	초절인	cho-jeo-rin

azucarado, dulce (adj)	단	dan
salado (adj)	짠	jjan
frío (adj)	차가운	cha-ga-un
caliente (adj)	뜨거운	tteu-geo-un
amargo (adj)	쓴	sseun
sabroso (adj)	맛있는	man-nin-neun

cocer en agua	삶다	sam-da
preparar (la cena)	요리하다	yo-ri-ha-da
freír (vt)	부치다	bu-chi-da
calentar (vt)	데우다	de-u-da

salar (vt)	소금을 넣다	so-geu-meul leo-ta
poner pimienta	후추를 넣다	hu-chu-reul leo-ta
rallar (vt)	강판에 갈다	gang-pa-ne gal-da
piel (f)	껍질	kkeop-jil
pelar (vt)	껍질 벗기다	kkeop-jil beot-gi-da

52. La comida

carne (f)	고기	go-gi
gallina (f)	닭고기	dak-go-gi
pollo (m)	영계	yeong-gye
pato (m)	오리고기	o-ri-go-gi
ganso (m)	거위고기	geo-wi-go-gi
caza (f) menor	사냥감	sa-nyang-gam

pava (f)	칠면조고기	chil-myeon-jo-go-gi
carne (f) de cerdo	돼지고기	dwae-ji-go-gi
carne (f) de ternera	송아지 고기	song-a-ji go-gi
carne (f) de carnero	양고기	yang-go-gi
carne (f) de vaca	소고기	so-go-gi
conejo (m)	토끼고기	to-kki-go-gi
salchichón (m)	소시지	so-si-ji
salchicha (f)	비엔나 소시지	bi-en-na so-si-ji
beicon (m)	베이컨	be-i-keon
jamón (m)	햄	haem
jamón (m) fresco	개먼	gae-meon
paté (m)	파테	pa-te
hígado (m)	간	gan
carne (f) picada	다진 고기	da-jin go-gi
lengua (f)	혀	hyeo
huevo (m)	계란	gye-ran
huevos (m pl)	계란	gye-ran
clara (f)	흰자	huin-ja
yema (f)	노른자	no-reun-ja
pescado (m)	생선	saeng-seon
mariscos (m pl)	해물	hae-mul
caviar (m)	캐비어	kae-bi-eo
cangrejo (m) de mar	게	ge
camarón (m)	새우	sae-u
ostra (f)	굴	gul
langosta (f)	대하	dae-ha
pulpo (m)	문어	mun-eo
calamar (m)	오징어	o-jing-eo
esturión (m)	철갑상어	cheol-gap-sang-eo
salmón (m)	연어	yeon-eo
fletán (m)	넙치	neop-chi
bacalao (m)	대구	dae-gu
caballa (f)	고등어	go-deung-eo
atún (m)	참치	cham-chi
anguila (f)	뱀장어	baem-jang-eo
trucha (f)	송어	song-eo
sardina (f)	정어리	jeong-eo-ri
lucio (m)	강꼬치고기	gang-kko-chi-go-gi
arenque (m)	청어	cheong-eo
pan (m)	빵	ppang
queso (m)	치즈	chi-jeu
azúcar (m)	설탕	seol-tang
sal (f)	소금	so-geum

arroz (m)	쌀	ssal
macarrones (m pl)	파스타	pa-seu-ta
tallarines (m pl)	면	myeon

mantequilla (f)	버터	beo-teo
aceite (m) vegetal	식물유	sing-mu-ryu
aceite (m) de girasol	해바라기유	hae-ba-ra-gi-yu
margarina (f)	마가린	ma-ga-rin

| olivas, aceitunas (f pl) | 올리브 | ol-li-beu |
| aceite (m) de oliva | 올리브유 | ol-li-beu-yu |

leche (f)	우유	u-yu
leche (f) condensada	연유	yeo-nyu
yogur (m)	요구르트	yo-gu-reu-teu
nata (f) agria	사워크림	sa-wo-keu-rim
nata (f) líquida	크림	keu-rim

| mayonesa (f) | 마요네즈 | ma-yo-ne-jeu |
| crema (f) de mantequilla | 버터크림 | beo-teo-keu-rim |

cereales (m pl) integrales	곡물	gong-mul
harina (f)	밀가루	mil-ga-ru
conservas (f pl)	통조림	tong-jo-rim

copos (m pl) de maíz	콘플레이크	kon-peul-le-i-keu
miel (f)	꿀	kkul
confitura (f)	잼	jaem
chicle (m)	껌	kkeom

53. Las bebidas

agua (f)	물	mul
agua (f) potable	음료수	eum-nyo-su
agua (f) mineral	미네랄 워터	mi-ne-ral rwo-teo

sin gas	탄산 없는	tan-san neom-neun
gaseoso (adj)	탄산의	tan-sa-nui
con gas	탄산이 든	tan-san-i deun
hielo (m)	얼음	eo-reum
con hielo	얼음을 넣은	eo-reu-meul leo-eun

sin alcohol	무알코올의	mu-al-ko-o-rui
bebida (f) sin alcohol	청량음료	cheong-nyang-eum-nyo
refresco (m)	청량 음료	cheong-nyang eum-nyo
limonada (f)	레모네이드	re-mo-ne-i-deu

bebidas (f pl) alcohólicas	술	sul
vino (m)	와인	wa-in
vino (m) blanco	백 포도주	baek po-do-ju

vino (m) tinto	레드 와인	re-deu wa-in
licor (m)	리큐르	ri-kyu-reu
champaña (f)	샴페인	syam-pe-in
vermú (m)	베르무트	be-reu-mu-teu
whisky (m)	위스키	wi-seu-ki
vodka (m)	보드카	bo-deu-ka
ginebra (f)	진	jin
coñac (m)	코냑	ko-nyak
ron (m)	럼	reom
café (m)	커피	keo-pi
café (m) solo	블랙 커피	beul-laek keo-pi
café (m) con leche	밀크 커피	mil-keu keo-pi
capuchino (m)	카푸치노	ka-pu-chi-no
café (m) soluble	인스턴트 커피	in-seu-teon-teu keo-pi
leche (f)	우유	u-yu
cóctel (m)	칵테일	kak-te-il
batido (m)	밀크 셰이크	mil-keu sye-i-keu
zumo (m), jugo (m)	주스	ju-seu
jugo (m) de tomate	토마토 주스	to-ma-to ju-seu
zumo (m) de naranja	오렌지 주스	o-ren-ji ju-seu
zumo (m) fresco	생과일주스	saeng-gwa-il-ju-seu
cerveza (f)	맥주	maek-ju
cerveza (f) rubia	라거	ra-geo
cerveza (f) negra	흑맥주	heung-maek-ju
té (m)	차	cha
té (m) negro	홍차	hong-cha
té (m) verde	녹차	nok-cha

54. Las verduras

legumbres (f pl)	채소	chae-so
verduras (f pl)	녹황색 채소	nok-wang-saek chae-so
tomate (m)	토마토	to-ma-to
pepino (m)	오이	o-i
zanahoria (f)	당근	dang-geun
patata (f)	감자	gam-ja
cebolla (f)	양파	yang-pa
ajo (m)	마늘	ma-neul
col (f)	양배추	yang-bae-chu
coliflor (f)	컬리플라워	keol-li-peul-la-wo
col (f) de Bruselas	방울다다기 양배추	bang-ul-da-da-gi yang-bae-chu

brócoli (m)	브로콜리	beu-ro-kol-li
remolacha (f)	비트	bi-teu
berenjena (f)	가지	ga-ji
calabacín (m)	애호박	ae-ho-bak
calabaza (f)	호박	ho-bak
nabo (m)	순무	sun-mu
perejil (m)	파슬리	pa-seul-li
eneldo (m)	딜	dil
lechuga (f)	양상추	yang-sang-chu
apio (m)	셀러리	sel-leo-ri
espárrago (m)	아스파라거스	a-seu-pa-ra-geo-seu
espinaca (f)	시금치	si-geum-chi
guisante (m)	완두	wan-du
habas (f pl)	콩	kong
maíz (m)	옥수수	ok-su-su
fréjol (m)	강낭콩	gang-nang-kong
pimiento (m) dulce	피망	pi-mang
rábano (m)	무	mu
alcachofa (f)	아티초크	a-ti-cho-keu

55. Las frutas. Las nueces

fruto (m)	과일	gwa-il
manzana (f)	사과	sa-gwa
pera (f)	배	bae
limón (m)	레몬	re-mon
naranja (f)	오렌지	o-ren-ji
fresa (f)	딸기	ttal-gi
mandarina (f)	귤	gyul
ciruela (f)	자두	ja-du
melocotón (m)	복숭아	bok-sung-a
albaricoque (m)	살구	sal-gu
frambuesa (f)	라즈베리	ra-jeu-be-ri
piña (f)	파인애플	pa-in-ae-peul
banana (f)	바나나	ba-na-na
sandía (f)	수박	su-bak
uva (f)	포도	po-do
guinda (f)	신양	si-nyang
cereza (f)	양벚나무	yang-beon-na-mu
melón (m)	멜론	mel-lon
pomelo (m)	자몽	ja-mong
aguacate (m)	아보카도	a-bo-ka-do
papaya (f)	파파야	pa-pa-ya
mango (m)	망고	mang-go

granada (f)	석류	seong-nyu
grosella (f) roja	레드커런트	re-deu-keo-ren-teu
grosella (f) negra	블랙커런트	beul-laek-keo-ren-teu
grosella (f) espinosa	구스베리	gu-seu-be-ri
arándano (m)	빌베리	bil-be-ri
zarzamoras (f pl)	블랙베리	beul-laek-be-ri

pasas (f pl)	건포도	geon-po-do
higo (m)	무화과	mu-hwa-gwa
dátil (m)	대추야자	dae-chu-ya-ja

cacahuete (m)	땅콩	ttang-kong
almendra (f)	아몬드	a-mon-deu
nuez (f)	호두	ho-du
avellana (f)	개암	gae-am
nuez (f) de coco	코코넛	ko-ko-neot
pistachos (m pl)	피스타치오	pi-seu-ta-chi-o

56. El pan. Los dulces

pasteles (m pl)	과자류	gwa-ja-ryu
pan (m)	빵	ppang
galletas (f pl)	쿠키	ku-ki

chocolate (m)	초콜릿	cho-kol-lit
de chocolate (adj)	초콜릿의	cho-kol-lis-ui
caramelo (m)	사탕	sa-tang
tarta (f) (pequeña)	케이크	ke-i-keu
tarta (f) (~ de cumpleaños)	케이크	ke-i-keu

| tarta (f) (~ de manzana) | 파이 | pa-i |
| relleno (m) | 속 | sok |

confitura (f)	잼	jaem
mermelada (f)	마멀레이드	ma-meol-le-i-deu
gofre (m)	와플	wa-peul
helado (m)	아이스크림	a-i-seu-keu-rim

57. Las especias

sal (f)	소금	so-geum
salado (adj)	짜	jja
salar (vt)	소금을 넣다	so-geu-meul leo-ta

pimienta (f) negra	후추	hu-chu
pimienta (f) roja	고춧가루	go-chut-ga-ru
mostaza (f)	겨자	gyeo-ja
rábano (m) picante	고추냉이	go-chu-naeng-i

condimento (m)	양념	yang-nyeom
especia (f)	향료	hyang-nyo
salsa (f)	소스	so-seu
vinagre (m)	식초	sik-cho
anís (m)	아니스	a-ni-seu
albahaca (f)	바질	ba-jil
clavo (m)	정향	jeong-hyang
jengibre (m)	생강	saeng-gang
cilantro (m)	고수	go-su
canela (f)	계피	gye-pi
sésamo (m)	깨	kkae
hoja (f) de laurel	월계수잎	wol-gye-su-ip
paprika (f)	파프리카	pa-peu-ri-ka
comino (m)	캐러웨이	kae-reo-we-i
azafrán (m)	사프란	sa-peu-ran

T&P BOOKS

LA INFORMACIÓN PERSONAL. LA FAMILIA

T&P Books Publishing

58. La información personal. Los formularios

nombre (m)	이름	i-reum
apellido (m)	성	seong
fecha (f) de nacimiento	생년월일	saeng-nyeon-wo-ril
lugar (m) de nacimiento	탄생지	tan-saeng-ji
nacionalidad (f)	국적	guk-jeok
domicilio (m)	거소	geo-so
país (m)	나라	na-ra
profesión (f)	직업	ji-geop
sexo (m)	성별	seong-byeol
estatura (f)	키	ki
peso (m)	몸무게	mom-mu-ge

59. Los familiares. Los parientes

madre (f)	어머니	eo-meo-ni
padre (m)	아버지	a-beo-ji
hijo (m)	아들	a-deul
hija (f)	딸	ttal
hija (f) menor	작은딸	ja-geun-ttal
hijo (m) menor	작은아들	ja-geun-a-deul
hija (f) mayor	맏딸	mat-ttal
hijo (m) mayor	맏아들	ma-da-deul
hermano (m)	형제	hyeong-je
hermana (f)	자매	ja-mae
primo (m)	사촌 형제	sa-chon hyeong-je
prima (f)	사촌 자매	sa-chon ja-mae
mamá (f)	엄마	eom-ma
papá (m)	아빠	a-ppa
padres (pl)	부모	bu-mo
niño -a (m, f)	아이, 아동	a-i, a-dong
niños (pl)	아이들	a-i-deul
abuela (f)	할머니	hal-meo-ni
abuelo (m)	할아버지	ha-ra-beo-ji
nieto (m)	손자	son-ja
nieta (f)	손녀	son-nyeo

nietos (pl)	손자들	son-ja-deul
tío (m)	삼촌	sam-chon
sobrino (m)	조카	jo-ka
sobrina (f)	조카딸	jo-ka-ttal
suegra (f)	장모	jang-mo
suegro (m)	시아버지	si-a-beo-ji
yerno (m)	사위	sa-wi
madrastra (f)	계모	gye-mo
padrastro (m)	계부	gye-bu
niño (m) de pecho	영아	yeong-a
bebé (m)	아기	a-gi
chico (m)	꼬마	kko-ma
mujer (f)	아내	a-nae
marido (m)	남편	nam-pyeon
esposo (m)	배우자	bae-u-ja
esposa (f)	배우자	bae-u-ja
casado (adj)	결혼한	gyeol-hon-han
casada (adj)	결혼한	gyeol-hon-han
soltero (adj)	미혼의	mi-hon-ui
soltero (m)	미혼 남자	mi-hon nam-ja
divorciado (adj)	이혼한	i-hon-han
viuda (f)	과부	gwa-bu
viudo (m)	홀아비	ho-ra-bi
pariente (m)	친척	chin-cheok
pariente (m) cercano	가까운 친척	ga-kka-un chin-cheok
pariente (m) lejano	먼 친척	meon chin-cheok
parientes (pl)	친척들	chin-cheok-deul
huérfano (m), huérfana (f)	고아	go-a
tutor (m)	후견인	hu-gyeon-in
adoptar (un niño)	입양하다	i-byang-ha-da
adoptar (una niña)	입양하다	i-byang-ha-da

60. Los amigos. Los compañeros del trabajo

amigo (m)	친구	chin-gu
amiga (f)	친구	chin-gu
amistad (f)	우정	u-jeong
ser amigo	사귀다	sa-gwi-da
amigote (m)	벗	beot
amiguete (f)	벗	beot
compañero (m)	파트너	pa-teu-neo
jefe (m)	상사	sang-sa
superior (m)	윗사람	wit-sa-ram

subordinado (m)	부하	bu-ha
colega (m, f)	동료	dong-nyo
conocido (m)	아는 사람	a-neun sa-ram
compañero (m) de viaje	동행자	dong-haeng-ja
condiscípulo (m)	동급생	dong-geup-saeng
vecino (m)	이웃	i-ut
vecina (f)	이웃	i-ut
vecinos (pl)	이웃들	i-ut-deul

T&P BOOKS

EL CUERPO. LA MEDICINA

T&P Books Publishing

cabeza (f)	머리	meo-ri
cara (f)	얼굴	eol-gul
nariz (f)	코	ko
boca (f)	입	ip
ojo (m)	눈	nun
ojos (m pl)	눈	nun
pupila (f)	눈동자	nun-dong-ja
ceja (f)	눈썹	nun-sseop
pestaña (f)	속눈썹	song-nun-sseop
párpado (m)	눈꺼풀	nun-kkeo-pul
lengua (f)	혀	hyeo
diente (m)	이	i
labios (m pl)	입술	ip-sul
pómulos (m pl)	광대뼈	gwang-dae-ppyeo
encía (f)	잇몸	in-mom
paladar (m)	입천장	ip-cheon-jang
ventanas (f pl)	콧구멍	kot-gu-meong
mentón (m)	턱	teok
mandíbula (f)	턱	teok
mejilla (f)	뺨, 볼	ppyam, bol
frente (f)	이마	i-ma
sien (f)	관자놀이	gwan-ja-no-ri
oreja (f)	귀	gwi
nuca (f)	뒤통수	dwi-tong-su
cuello (m)	목	mok
garganta (f)	목구멍	mok-gu-meong
pelo, cabello (m)	머리털, 헤어	meo-ri-teol, he-eo
peinado (m)	머리 스타일	meo-ri seu-ta-il
corte (m) de pelo	헤어컷	he-eo-keot
peluca (f)	가발	ga-bal
bigote (m)	콧수염	kot-su-yeom
barba (f)	턱수염	teok-su-yeom
tener (~ la barba)	기르다	gi-reu-da
trenza (f)	땋은 머리	tta-eun meo-ri
patillas (f pl)	구레나룻	gu-re-na-rut
pelirrojo (adj)	빨강머리의	ppal-gang-meo-ri-ui
gris, canoso (adj)	흰머리의	huin-meo-ri-ui

calvo (adj)	대머리인	dae-meo-ri-in
calva (f)	땜통	ttaem-tong
cola (f) de caballo	말총머리	mal-chong-meo-ri
flequillo (m)	앞머리	am-meo-ri

62. El cuerpo

mano (f)	손	son
brazo (m)	팔	pal
dedo (m)	손가락	son-ga-rak
dedo (m) pulgar	엄지손가락	eom-ji-son-ga-rak
dedo (m) meñique	새끼손가락	sae-kki-son-ga-rak
uña (f)	손톱	son-top
puño (m)	주먹	ju-meok
palma (f)	손바닥	son-ba-dak
muñeca (f)	손목	son-mok
antebrazo (m)	전박	jeon-bak
codo (m)	팔꿈치	pal-kkum-chi
hombro (m)	어깨	eo-kkae
pierna (f)	다리	da-ri
planta (f)	발	bal
rodilla (f)	무릎	mu-reup
pantorrilla (f)	종아리	jong-a-ri
cadera (f)	엉덩이	eong-deong-i
talón (m)	발뒤꿈치	bal-dwi-kkum-chi
cuerpo (m)	몸	mom
vientre (m)	배	bae
pecho (m)	가슴	ga-seum
seno (m)	가슴	ga-seum
lado (m), costado (m)	옆구리	yeop-gu-ri
espalda (f)	등	deung
zona (f) lumbar	허리	heo-ri
cintura (f), talle (m)	허리	heo-ri
ombligo (m)	배꼽	bae-kkop
nalgas (f pl)	엉덩이	eong-deong-i
trasero (m)	엉덩이	eong-deong-i
lunar (m)	점	jeom
marca (f) de nacimiento	모반	mo-ban
tatuaje (m)	문신	mun-sin
cicatriz (f)	흉터	hyung-teo

63. Las enfermedades

enfermedad (f)	병	byeong
estar enfermo	눕다	nup-da
salud (f)	건강	geon-gang
resfriado (m) (coriza)	비염	bi-yeom
angina (f)	편도염	pyeon-do-yeom
resfriado (m)	감기	gam-gi
resfriarse (vr)	감기에 걸리다	gam-gi-e geol-li-da
bronquitis (f)	기관지염	gi-gwan-ji-yeom
pulmonía (f)	폐렴	pye-ryeom
gripe (f)	독감	dok-gam
miope (adj)	근시의	geun-si-ui
présbita (adj)	원시의	won-si-ui
estrabismo (m)	사시	sa-si
estrábico (m) (adj)	사시인	sa-si-in
catarata (f)	백내장	baeng-nae-jang
glaucoma (m)	녹내장	nong-nae-jang
insulto (m)	뇌졸중	noe-jol-jung
ataque (m) cardiaco	심장마비	sim-jang-ma-bi
infarto (m) de miocardio	심근경색중	sim-geun-gyeong-saek-jeung
parálisis (f)	마비	ma-bi
paralizar (vt)	마비되다	ma-bi-doe-da
alergia (f)	알레르기	al-le-reu-gi
asma (f)	천식	cheon-sik
diabetes (f)	당뇨병	dang-nyo-byeong
dolor (m) de muelas	치통, 이앓이	chi-tong, i-a-ri
caries (f)	충치	chung-chi
diarrea (f)	설사	seol-sa
estreñimiento (m)	변비중	byeon-bi-jeung
molestia (f) estomacal	배탈	bae-tal
envenenamiento (m)	식중독	sik-jung-dok
envenenarse (vr)	식중독에 걸리다	sik-jung-do-ge geol-li-da
artritis (f)	관절염	gwan-jeo-ryeom
raquitismo (m)	구루병	gu-ru-byeong
reumatismo (m)	류머티즘	ryu-meo-ti-jeum
gastritis (f)	위염	wi-yeom
apendicitis (f)	맹장염	maeng-jang-yeom
colecistitis (f)	담낭염	dam-nang-yeom
úlcera (f)	궤양	gwe-yang
sarampión (m)	홍역	hong-yeok

rubeola (f)	풍진	pung-jin
ictericia (f)	황달	hwang-dal
hepatitis (f)	간염	gan-nyeom
esquizofrenia (f)	정신 분열증	jeong-sin bu-nyeol-jeung
rabia (f) (hidrofobia)	광견병	gwang-gyeon-byeong
neurosis (f)	신경증	sin-gyeong-jeung
conmoción (f) cerebral	뇌진탕	noe-jin-tang
cáncer (m)	암	am
esclerosis (f)	경화증	gyeong-hwa-jeung
esclerosis (m) múltiple	다발성 경화증	da-bal-seong gyeong-hwa-jeung
alcoholismo (m)	알코올 중독	al-ko-ol jung-dok
alcohólico (m)	알코올 중독자	al-ko-ol jung-dok-ja
sífilis (f)	매독	mae-dok
SIDA (m)	에이즈	e-i-jeu
tumor (m)	종양	jong-yang
maligno (adj)	악성의	ak-seong-ui
benigno (adj)	양성의	yang-seong-ui
fiebre (f)	열병	yeol-byeong
malaria (f)	말라리아	mal-la-ri-a
gangrena (f)	괴저	goe-jeo
mareo (m)	뱃멀미	baen-meol-mi
epilepsia (f)	간질	gan-jil
epidemia (f)	유행병	yu-haeng-byeong
tifus (m)	발진티푸스	bal-jin-ti-pu-seu
tuberculosis (f)	결핵	gyeol-haek
cólera (f)	콜레라	kol-le-ra
peste (f)	페스트	pe-seu-teu

64. Los síntomas. Los tratamientos. Unidad 1

síntoma (m)	증상	jeung-sang
temperatura (f)	체온	che-on
fiebre (f)	열	yeol
pulso (m)	맥박	maek-bak
mareo (m) (vértigo)	현기증	hyeon-gi-jeung
caliente (adj)	뜨거운	tteu-geo-un
escalofrío (m)	전율	jeo-nyul
pálido (adj)	창백한	chang-baek-an
tos (f)	기침	gi-chim
toser (vi)	기침을 하다	gi-chi-meul ha-da
estornudar (vi)	재채기하다	jae-chae-gi-ha-da

| desmayo (m) | 실신 | sil-sin |
| desmayarse (vr) | 실신하다 | sil-sin-ha-da |

moradura (f)	멍	meong
chichón (m)	혹	hok
golpearse (vr)	부딪치다	bu-dit-chi-da
magulladura (f)	타박상	ta-bak-sang
magullarse (vr)	타박상을 입다	ta-bak-sang-eul rip-da

cojear (vi)	절다	jeol-da
dislocación (f)	탈구	tal-gu
dislocar (vt)	탈구하다	tal-gu-ha-da
fractura (f)	골절	gol-jeol
tener una fractura	골절하다	gol-jeol-ha-da

corte (m) (tajo)	베인	be-in
cortarse (vr)	베다	jeol-chang-eul rip-da
hemorragia (f)	출혈	chul-hyeol

| quemadura (f) | 화상 | hwa-sang |
| quemarse (vr) | 데다 | de-da |

pincharse (~ el dedo)	찌르다	jji-reu-da
pincharse (vr)	찔리다	jjil-li-da
herir (vt)	다치다	da-chi-da
herida (f)	부상	bu-sang
lesión (f) (herida)	부상	bu-sang
trauma (m)	정신적 외상	jeong-sin-jeok goe-sang

delirar (vi)	망상을 겨다	mang-sang-eul gyeok-da
tartamudear (vi)	말을 더듬다	ma-reul deo-deum-da
insolación (f)	일사병	il-sa-byeong

65. Los síntomas. Los tratamientos. Unidad 2

| dolor (m) | 통증 | tong-jeung |
| astilla (f) | 가시 | ga-si |

sudor (m)	땀	ttam
sudar (vi)	땀이 나다	ttam-i na-da
vómito (m)	구토	gu-to
convulsiones (f pl)	경련	gyeong-nyeon

embarazada (adj)	임신한	im-sin-han
nacer (vi)	태어나다	tae-eo-na-da
parto (m)	출산	chul-san
dar a luz	낳다	na-ta
aborto (m)	낙태	nak-tae
respiración (f)	호흡	ho-heup
inspiración (f)	들숨	deul-sum

espiración (f)	날숨	nal-sum
espirar (vi)	내쉬다	nae-swi-da
inspirar (vi)	들이쉬다	deu-ri-swi-da

inválido (m)	장애인	jang-ae-in
mutilado (m)	병신	byeong-sin
drogadicto (m)	마약 중독자	ma-yak jung-dok-ja

sordo (adj)	귀가 먼	gwi-ga meon
mudo (adj)	벙어리인	beong-eo-ri-in
sordomudo (adj)	농아인	nong-a-in

loco (adj)	미친	mi-chin
loco (m)	광인	gwang-in
loca (f)	광인	gwang-in
volverse loco	미치다	mi-chi-da

gen (m)	유전자	yu-jeon-ja
inmunidad (f)	면역성	myeo-nyeok-seong
hereditario (adj)	유전의	yu-jeon-ui
de nacimiento (adj)	선천적인	seon-cheon-jeo-gin

virus (m)	바이러스	ba-i-reo-seu
microbio (m)	미생물	mi-saeng-mul
bacteria (f)	세균	se-gyun
infección (f)	감염	gam-nyeom

66. Los síntomas. Los tratamientos. Unidad 3

| hospital (m) | 병원 | byeong-won |
| paciente (m) | 환자 | hwan-ja |

diagnosis (f)	진단	jin-dan
cura (f)	치료	chi-ryo
curarse (vr)	치료를 받다	chi-ryo-reul bat-da
tratar (vt)	치료하다	chi-ryo-ha-da
cuidar (a un enfermo)	간호하다	gan-ho-ha-da
cuidados (m pl)	간호	gan-ho

operación (f)	수술	su-sul
vendar (vt)	붕대를 감다	bung-dae-reul gam-da
vendaje (m)	붕대	bung-dae

vacunación (f)	예방주사	ye-bang-ju-sa
vacunar (vt)	접종하다	jeop-jong-ha-da
inyección (f)	주사	ju-sa
aplicar una inyección	주사하다	ju-sa-ha-da

| amputación (f) | 절단 | jeol-dan |
| amputar (vt) | 절단하다 | jeol-dan-ha-da |

coma (m)	혼수 상태	hon-su sang-tae
estar en coma	혼수 상태에 있다	hon-su sang-tae-e it-da
revitalización (f)	집중 치료	jip-jung chi-ryo
recuperarse (vr)	회복하다	hoe-bok-a-da
estado (m) (de salud)	상태	sang-tae
consciencia (f)	의식	ui-sik
memoria (f)	기억	gi-eok
extraer (un diente)	빼다	ppae-da
empaste (m)	충전물	chung-jeon-mul
empastar (vt)	때우다	ttae-u-da
hipnosis (f)	최면	choe-myeon
hipnotizar (vt)	최면을 걸다	choe-myeo-neul geol-da

67. La medicina. Las drogas. Los accesorios

medicamento (m), droga (f)	약	yak
remedio (m)	약제	yak-je
receta (f)	처방	cheo-bang
tableta (f)	정제	jeong-je
ungüento (m)	연고	yeon-go
ampolla (f)	앰풀	aem-pul
mixtura (f), mezcla (f)	혼합물	hon-ham-mul
sirope (m)	물약	mul-lyak
píldora (f)	알약	a-ryak
polvo (m)	가루약	ga-ru-yak
venda (f)	거즈 붕대	geo-jeu bung-dae
algodón (m) (discos de ~)	솜	som
yodo (m)	요오드	yo-o-deu
tirita (f), curita (f)	반창고	ban-chang-go
pipeta (f)	점안기	jeom-an-gi
termómetro (m)	체온계	che-on-gye
jeringa (f)	주사기	ju-sa-gi
silla (f) de ruedas	휠체어	hwil-che-eo
muletas (f pl)	목발	mok-bal
anestésico (m)	진통제	jin-tong-je
purgante (m)	완하제	wan-ha-je
alcohol (m)	알코올	al-ko-ol
hierba (f) medicinal	약초	yak-cho
de hierbas (té ~)	약초의	yak-cho-ui

EL APARTAMENTO

T&P Books Publishing

68. El apartamento

apartamento (m)	아파트	a-pa-teu
habitación (f)	방	bang
dormitorio (m)	침실	chim-sil
comedor (m)	식당	sik-dang
salón (m)	거실	geo-sil
despacho (m)	서재	seo-jae
antecámara (f)	곁방	gyeot-bang
cuarto (m) de baño	욕실	yok-sil
servicio (m)	화장실	hwa-jang-sil
techo (m)	천장	cheon-jang
suelo (m)	마루	ma-ru
rincón (m)	구석	gu-seok

69. Los muebles. El interior

muebles (m pl)	가구	ga-gu
mesa (f)	식탁, 테이블	sik-tak, te-i-beul
silla (f)	의자	ui-ja
cama (f)	침대	chim-dae
sofá (m)	소파	so-pa
sillón (m)	안락 의자	al-lak gui-ja
librería (f)	책장	chaek-jang
estante (m)	책꽂이	chaek-kko-ji
armario (m)	옷장	ot-jang
percha (f)	옷걸이	ot-geo-ri
perchero (m) de pie	스탠드옷걸이	seu-taen-deu-ot-geo-ri
cómoda (f)	서랍장	seo-rap-jang
mesa (f) de café	커피 테이블	keo-pi te-i-beul
espejo (m)	거울	geo-ul
tapiz (m)	양탄자	yang-tan-ja
alfombra (f)	러그	reo-geu
chimenea (f)	벽난로	byeong-nan-no
vela (f)	초	cho
candelero (m)	촛대	chot-dae
cortinas (f pl)	커튼	keo-teun

empapelado (m)	벽지	byeok-ji
estor (m) de láminas	블라인드	beul-la-in-deu
lámpara (f) de mesa	테이블 램프	deung
aplique (m)	벽등	byeok-deung
lámpara (f) de pie	플로어 스탠드	peul-lo-eo seu-taen-deu
lámpara (f) de araña	샹들리에	syang-deul-li-e
pata (f) (~ de la mesa)	다리	da-ri
brazo (m)	팔걸이	pal-geo-ri
espaldar (m)	등받이	deung-ba-ji
cajón (m)	서랍	seo-rap

70. Los accesorios de cama

ropa (f) de cama	침구	chim-gu
almohada (f)	베개	be-gae
funda (f)	베갯잇	be-gaen-nit
manta (f)	이불	i-bul
sábana (f)	시트	si-teu
sobrecama (f)	침대보	chim-dae-bo

71. La cocina

cocina (f)	부엌	bu-eok
gas (m)	가스	ga-seu
cocina (f) de gas	가스 레인지	ga-seu re-in-ji
cocina (f) eléctrica	전기 레인지	jeon-gi re-in-ji
horno (m)	오븐	o-beun
horno (m) microondas	전자 레인지	jeon-ja re-in-ji
frigorífico (m)	냉장고	naeng-jang-go
congelador (m)	냉동고	naeng-dong-go
lavavajillas (m)	식기 세척기	sik-gi se-cheok-gi
picadora (f) de carne	고기 분쇄기	go-gi bun-swae-gi
exprimidor (m)	과즙기	gwa-jeup-gi
tostador (m)	토스터	to-seu-teo
batidora (f)	믹서기	mik-seo-gi
cafetera (f) (aparato de cocina)	커피 메이커	keo-pi me-i-keo
cafetera (f) (para servir)	커피 주전자	keo-pi ju-jeon-ja
molinillo (m) de café	커피 그라인더	keo-pi geu-ra-in-deo
hervidor (m) de agua	주전자	ju-jeon-ja
tetera (f)	티팟	ti-pat
tapa (f)	뚜껑	ttu-kkeong

colador (m) de té	차거름망	cha-geo-reum-mang
cuchara (f)	숟가락	sut-ga-rak
cucharilla (f)	티스푼	ti-seu-pun
cuchara (f) de sopa	숟가락	sut-ga-rak
tenedor (m)	포크	po-keu
cuchillo (m)	칼	kal
vajilla (f)	식기	sik-gi
plato (m)	접시	jeop-si
platillo (m)	받침 접시	bat-chim jeop-si
vaso (m) de chupito	소주잔	so-ju-jan
vaso (m) (~ de agua)	유리잔	yu-ri-jan
taza (f)	컵	keop
azucarera (f)	설탕그릇	seol-tang-geu-reut
salero (m)	소금통	so-geum-tong
pimentero (m)	후추통	hu-chu-tong
mantequera (f)	버터 접시	beo-teo jeop-si
cacerola (f)	냄비	naem-bi
sartén (f)	프라이팬	peu-ra-i-paen
cucharón (m)	국자	guk-ja
colador (m)	체	che
bandeja (f)	쟁반	jaeng-ban
botella (f)	병	byeong
tarro (m) de vidrio	유리병	yu-ri-byeong
lata (f)	캔, 깡통	kaen, kkang-tong
abrebotellas (m)	병따개	byeong-tta-gae
abrelatas (m)	깡통 따개	kkang-tong tta-gae
sacacorchos (m)	코르크 마개 뽑이	ko-reu-keu ma-gae ppo-bi
filtro (m)	필터	pil-teo
filtrar (vt)	여과하다	yeo-gwa-ha-da
basura (f)	쓰레기	sseu-re-gi
cubo (m) de basura	쓰레기통	sseu-re-gi-tong

72. El baño

cuarto (m) de baño	욕실	yok-sil
agua (f)	물	mul
grifo (m)	수도꼭지	su-do-kkok-ji
agua (f) caliente	온수	on-su
agua (f) fría	냉수	naeng-su
pasta (f) de dientes	치약	chi-yak
limpiarse los dientes	이를 닦다	i-reul dak-da
afeitarse (vr)	깎다	kkak-da

espuma (f) de afeitar	면도 크림	myeon-do keu-rim
maquinilla (f) de afeitar	면도기	myeon-do-gi
lavar (vt)	씻다	ssit-da
darse un baño	목욕하다	mo-gyok-a-da
ducha (f)	샤워	sya-wo
darse una ducha	샤워하다	sya-wo-ha-da
bañera (f)	욕조	yok-jo
inodoro (m)	변기	byeon-gi
lavabo (m)	세면대	se-myeon-dae
jabón (m)	비누	bi-nu
jabonera (f)	비누 그릇	bi-nu geu-reut
esponja (f)	스펀지	seu-peon-ji
champú (m)	샴푸	syam-pu
toalla (f)	수건	su-geon
bata (f) de baño	목욕가운	mo-gyok-ga-un
colada (f), lavado (m)	빨래	ppal-lae
lavadora (f)	세탁기	se-tak-gi
lavar la ropa	빨래하다	ppal-lae-ha-da
detergente (m) en polvo	가루세제	ga-ru-se-je

73. Los aparatos domésticos

televisor (m)	텔레비전	tel-le-bi-jeon
magnetófono (m)	카세트 플레이어	ka-se-teu peul-le-i-eo
vídeo (m)	비디오테이프 녹화기	bi-di-o-te-i-peu nok-wa-gi
radio (m)	라디오	ra-di-o
reproductor (m) (~ MP3)	플레이어	peul-le-i-eo
proyector (m) de vídeo	프로젝터	peu-ro-jek-teo
sistema (m) home cinema	홈씨어터	hom-ssi-eo-teo
reproductor (m) de DVD	디비디 플레이어	di-bi-di peul-le-i-eo
amplificador (m)	앰프	aem-peu
videoconsola (f)	게임기	ge-im-gi
cámara (f) de vídeo	캠코더	kaem-ko-deo
cámara (f) fotográfica	카메라	ka-me-ra
cámara (f) digital	디지털 카메라	di-ji-teol ka-me-ra
aspirador (m), aspiradora (f)	진공 청소기	jin-gong cheong-so-gi
plancha (f)	다리미	da-ri-mi
tabla (f) de planchar	다림질 판	da-rim-jil pan
teléfono (m)	전화	jeon-hwa
teléfono (m) móvil	휴대폰	hyu-dae-pon
máquina (f) de escribir	타자기	ta-ja-gi

máquina (f) de coser	재봉틀	jae-bong-teul
micrófono (m)	마이크	ma-i-keu
auriculares (m pl)	헤드폰	he-deu-pon
mando (m) a distancia	원격 조종	won-gyeok jo-jong
CD (m)	씨디	ssi-di
casete (m)	테이프	te-i-peu
disco (m) de vinilo	레코드 판	re-ko-deu pan

T&P BOOKS

LA TIERRA. EL TIEMPO

T&P Books Publishing

cosmos (m)	우주	u-ju
espacial, cósmico (adj)	우주의	u-ju-ui
espacio (m) cósmico	우주 공간	u-ju gong-gan
mundo (m)	세계	se-gye
universo (m)	우주	u-ju
galaxia (f)	은하	eun-ha
estrella (f)	별, 항성	byeol, hang-seong
constelación (f)	별자리	byeol-ja-ri
planeta (m)	행성	haeng-seong
satélite (m)	인공위성	in-gong-wi-seong
meteorito (m)	운석	un-seok
cometa (m)	혜성	hye-seong
asteroide (m)	소행성	so-haeng-seong
órbita (f)	궤도	gwe-do
girar (vi)	회전한다	hoe-jeon-han-da
atmósfera (f)	대기	dae-gi
Sol (m)	태양	tae-yang
sistema (m) solar	태양계	tae-yang-gye
eclipse (m) de Sol	일식	il-sik
Tierra (f)	지구	ji-gu
Luna (f)	달	dal
Marte (m)	화성	hwa-seong
Venus (f)	금성	geum-seong
Júpiter (m)	목성	mok-seong
Saturno (m)	토성	to-seong
Mercurio (m)	수성	su-seong
Urano (m)	천왕성	cheon-wang-seong
Neptuno (m)	해왕성	hae-wang-seong
Plutón (m)	명왕성	myeong-wang-seong
la Vía Láctea	은하수	eun-ha-su
la Osa Mayor	큰곰자리	keun-gom-ja-ri
la Estrella Polar	북극성	buk-geuk-seong
marciano (m)	화성인	hwa-seong-in
extraterrestre (m)	외계인	oe-gye-in
planetícola (m)	외계인	oe-gye-in

platillo (m) volante	비행 접시	bi-haeng jeop-si
nave (f) espacial	우주선	u-ju-seon
estación (f) orbital	우주 정거장	u-ju jeong-nyu-jang

motor (m)	엔진	en-jin
tobera (f)	노즐	no-jeul
combustible (m)	연료	yeol-lyo

carlinga (f)	조종석	jo-jong-seok
antena (f)	안테나	an-te-na
ventana (f)	현창	hyeon-chang
batería (f) solar	태양 전지	tae-yang jeon-ji
escafandra (f)	우주복	u-ju-bok

| ingravidez (f) | 무중력 | mu-jung-nyeok |
| oxígeno (m) | 산소 | san-so |

| atraque (m) | 도킹 | do-king |
| realizar el atraque | 도킹하다 | do-king-ha-da |

observatorio (m)	천문대	cheon-mun-dae
telescopio (m)	망원경	mang-won-gyeong
observar (vt)	관찰하다	gwan-chal-ha-da
explorar (~ el universo)	탐험하다	tam-heom-ha-da

75. La tierra

Tierra (f)	지구	ji-gu
globo (m) terrestre	지구	ji-gu
planeta (m)	행성	haeng-seong

atmósfera (f)	대기	dae-gi
geografía (f)	지리학	ji-ri-hak
naturaleza (f)	자연	ja-yeon

globo (m) terráqueo	지구의	ji-gu-ui
mapa (m)	지도	ji-do
atlas (m)	지도첩	ji-do-cheop

Europa (f)	유럽	yu-reop
Asia (f)	아시아	a-si-a
África (f)	아프리카	a-peu-ri-ka
Australia (f)	호주	ho-ju

América (f)	아메리카 대륙	a-me-ri-ka dae-ryuk
América (f) del Norte	북아메리카	bu-ga-me-ri-ka
América (f) del Sur	남아메리카	nam-a-me-ri-ka

| Antártida (f) | 남극 대륙 | nam-geuk dae-ryuk |
| Ártico (m) | 극지방 | geuk-ji-bang |

76. Los puntos cardinales

norte (m)	북쪽	buk-jjok
al norte	북쪽으로	buk-jjo-geu-ro
en el norte	북쪽에	buk-jjo-ge
del norte (adj)	북쪽의	buk-jjo-gui
sur (m)	남쪽	nam-jjok
al sur	남쪽으로	nam-jjo-geu-ro
en el sur	남쪽에	nam-jjo-ge
del sur (adj)	남쪽의	nam-jjo-gui
oeste (m)	서쪽	seo-jjok
al oeste	서쪽으로	seo-jjo-geu-ro
en el oeste	서쪽에	seo-jjo-ge
del oeste (adj)	서쪽의	seo-jjo-gui
este (m)	동쪽	dong-jjok
al este	동쪽으로	dong-jjo-geu-ro
en el este	동쪽에	dong-jjo-ge
del este (adj)	동쪽의	dong-jjo-gui

77. El mar. El océano

mar (m)	바다	ba-da
océano (m)	대양	dae-yang
golfo (m)	만	man
estrecho (m)	해협	hae-hyeop
continente (m)	대륙	dae-ryuk
isla (f)	섬	seom
península (f)	반도	ban-do
archipiélago (m)	군도	gun-do
bahía (f)	만	man
ensenada, bahía (f)	항구	hang-gu
laguna (f)	석호	seok-o
cabo (m)	곶	got
atolón (m)	환초	hwan-cho
arrecife (m)	암초	am-cho
coral (m)	산호	san-ho
arrecife (m) de coral	산호초	san-ho-cho
profundo (adj)	깊은	gi-peun
profundidad (f)	깊이	gi-pi
fosa (f) oceánica	해구	hae-gu
corriente (f)	해류	hae-ryu
bañar (rodear)	둘러싸다	dul-leo-ssa-da

orilla (f)	해변	hae-byeon
costa (f)	바닷가	ba-dat-ga
flujo (m)	밀물	mil-mul
reflujo (m)	썰물	sseol-mul
banco (m) de arena	모래톱	mo-rae-top
fondo (m)	해저	hae-jeo
ola (f)	파도	pa-do
cresta (f) de la ola	물마루	mul-ma-ru
espuma (f)	거품	geo-pum
huracán (m)	허리케인	heo-ri-ke-in
tsunami (m)	해일	hae-il
bonanza (f)	고요함	go-yo-ham
calmo, tranquilo	고요한	go-yo-han
polo (m)	극	geuk
polar (adj)	극지의	geuk-ji-ui
latitud (f)	위도	wi-do
longitud (f)	경도	gyeong-do
paralelo (m)	위도선	wi-do-seon
ecuador (m)	적도	jeok-do
cielo (m)	하늘	ha-neul
horizonte (m)	수평선	su-pyeong-seon
aire (m)	공기	gong-gi
faro (m)	등대	deung-dae
bucear (vi)	뛰어들다	ttwi-eo-deul-da
hundirse (vr)	가라앉다	ga-ra-an-da
tesoros (m pl)	보물	bo-mul

78. Los nombres de los mares y los océanos

océano (m) Atlántico	대서양	dae-seo-yang
océano (m) Índico	인도양	in-do-yang
océano (m) Pacífico	태평양	tae-pyeong-yang
océano (m) Glacial Ártico	북극해	buk-geuk-ae
mar (m) Negro	흑해	heuk-ae
mar (m) Rojo	홍해	hong-hae
mar (m) Amarillo	황해	hwang-hae
mar (m) Blanco	백해	baek-ae
mar (m) Caspio	카스피 해	ka-seu-pi hae
mar (m) Muerto	사해	sa-hae
mar (m) Mediterráneo	지중해	ji-jung-hae
mar (m) Egeo	에게 해	e-ge hae

mar (m) Adriático	아드리아 해	a-deu-ri-a hae
mar (m) Arábigo	아라비아 해	a-ra-bi-a hae
mar (m) del Japón	동해	dong-hae
mar (m) de Bering	베링 해	be-ring hae
mar (m) de la China Meridional	남중국해	nam-jung-guk-ae
mar (m) del Coral	산호해	san-ho-hae
mar (m) de Tasmania	태즈먼 해	tae-jeu-meon hae
mar (m) Caribe	카리브 해	ka-ri-beu hae
mar (m) de Barents	바렌츠 해	ba-ren-cheu hae
mar (m) de Kara	카라 해	ka-ra hae
mar (m) del Norte	북해	buk-ae
mar (m) Báltico	발트 해	bal-teu hae
mar (m) de Noruega	노르웨이 해	no-reu-we-i hae

79. Las montañas

montaña (f)	산	san
cadena (f) de montañas	산맥	san-maek
cresta (f) de montañas	능선	neung-seon
cima (f)	정상	jeong-sang
pico (m)	봉우리	bong-u-ri
pie (m)	기슭	gi-seuk
cuesta (f)	경사면	gyeong-sa-myeon
volcán (m)	화산	hwa-san
volcán (m) activo	활화산	hwal-hwa-san
volcán (m) apagado	사화산	sa-hwa-san
erupción (f)	폭발	pok-bal
cráter (m)	분화구	bun-hwa-gu
magma (m)	마그마	ma-geu-ma
lava (f)	용암	yong-am
fundido (lava ~a)	녹은	no-geun
cañón (m)	협곡	hyeop-gok
desfiladero (m)	협곡	hyeop-gok
grieta (f)	갈라진	gal-la-jin
puerto (m) (paso)	산길	san-gil
meseta (f)	고원	go-won
roca (f)	절벽	jeol-byeok
colina (f)	언덕, 작은 산	eon-deok, ja-geun san
glaciar (m)	빙하	bing-ha
cascada (f)	폭포	pok-po

geiser (m)	간헐천	gan-heol-cheon
lago (m)	호수	ho-su
llanura (f)	평원	pyeong-won
paisaje (m)	경관	gyeong-gwan
eco (m)	메아리	me-a-ri
alpinista (m)	등산가	deung-san-ga
escalador (m)	암벽 등반가	am-byeok deung-ban-ga
conquistar (vt)	정복하다	jeong-bok-a-da
ascensión (f)	등반	deung-ban

80. Los nombres de las montañas

Alpes (m pl)	알프스 산맥	al-peu-seu san-maek
Montblanc (m)	몽블랑 산	mong-beul-lang san
Pirineos (m pl)	피레네 산맥	pi-re-ne san-maek
Cárpatos (m pl)	카르파티아 산맥	ka-reu-pa-ti-a san-maek
Urales (m pl)	우랄 산맥	u-ral san-maek
Cáucaso (m)	코카서스 산맥	ko-ka-seo-seu san-maek
Elbrus (m)	엘브루스 산	el-beu-ru-seu san
Altai (m)	알타이 산맥	al-ta-i san-maek
Tian-Shan (m)	톈샨 산맥	ten-syan san-maek
Pamir (m)	파미르 고원	pa-mi-reu go-won
Himalayos (m pl)	히말라야 산맥	hi-mal-la-ya san-maek
Everest (m)	에베레스트 산	e-be-re-seu-teu san
Andes (m pl)	안데스 산맥	an-de-seu san-maek
Kilimanjaro (m)	킬리만자로 산	kil-li-man-ja-ro san

81. Los ríos

río (m)	강	gang
manantial (m)	샘	saem
lecho (m) (curso de agua)	강바닥	gang-ba-dak
cuenca (f) fluvial	유역	yu-yeok
desembocar en ...	··· 로 흘러가다	... ro heul-leo-ga-da
afluente (m)	지류	ji-ryu
ribera (f)	둑	duk
corriente (f)	흐름	heu-reum
río abajo (adv)	하류로	gang ha-ryu-ro
río arriba (adv)	상류로	sang-nyu-ro

inundación (f)	홍수	hong-su
riada (f)	홍수	hong-su
desbordarse (vr)	범람하다	beom-nam-ha-da
inundar (vt)	범람하다	beom-nam-ha-da
bajo (m) arenoso	얕은 곳	ya-teun got
rápido (m)	여울	yeo-ul
presa (f)	댐	daem
canal (m)	운하	un-ha
lago (m) artificiale	저수지	jeo-su-ji
esclusa (f)	수문	su-mun
cuerpo (m) de agua	저장 수량	jeo-jang su-ryang
pantano (m)	늪, 소택지	neup, so-taek-ji
ciénaga (f)	수렁	su-reong
remolino (m)	소용돌이	so-yong-do-ri
arroyo (m)	개울, 시내	gae-ul, si-nae
potable (adj)	마실 수 있는	ma-sil su in-neun
dulce (agua ~)	민물의	min-mu-rui
hielo (m)	얼음	eo-reum
helarse (el lago, etc.)	얼다	eol-da

82. Los nombres de los ríos

Sena (m)	센 강	sen gang
Loira (m)	루아르 강	ru-a-reu gang
Támesis (m)	템스 강	tem-seu gang
Rin (m)	라인 강	ra-in gang
Danubio (m)	도나우 강	do-na-u gang
Volga (m)	볼가 강	bol-ga gang
Don (m)	돈 강	don gang
Lena (m)	레나 강	re-na gang
Río (m) Amarillo	황허강	hwang-heo-gang
Río (m) Azul	양자강	yang-ja-gang
Mekong (m)	메콩 강	me-kong gang
Ganges (m)	갠지스 강	gaen-ji-seu gang
Nilo (m)	나일 강	na-il gang
Congo (m)	콩고 강	kong-go gang
Okavango (m)	오카방고 강	o-ka-bang-go gang
Zambeze (m)	잠베지 강	jam-be-ji gang
Limpopo (m)	림포포 강	rim-po-po gang

83. El bosque

bosque (m)	숲	sup
de bosque (adj)	산림의	sal-li-mui
espesura (f)	밀림	mil-lim
bosquecillo (m)	작은 숲	ja-geun sup
claro (m)	빈터	bin-teo
maleza (f)	덤불	deom-bul
matorral (m)	관목지	gwan-mok-ji
senda (f)	오솔길	o-sol-gil
barranco (m)	도랑	do-rang
árbol (m)	나무	na-mu
hoja (f)	잎	ip
follaje (m)	나뭇잎	na-mun-nip
caída (f) de hojas	낙엽	na-gyeop
caer (las hojas)	떨어지다	tteo-reo-ji-da
rama (f)	가지	ga-ji
rama (f) (gruesa)	큰 가지	keun ga-ji
brote (m)	잎눈	im-nun
aguja (f)	바늘	ba-neul
piña (f)	솔방울	sol-bang-ul
agujero (m)	구멍	gu-meong
nido (m)	둥지	dung-ji
tronco (m)	몸통	mom-tong
raíz (f)	뿌리	ppu-ri
corteza (f)	껍질	kkeop-jil
musgo (m)	이끼	i-kki
extirpar (vt)	수목을 통째 뽑다	su-mo-geul tong-jjae ppop-da
talar (vt)	자르다	ja-reu-da
deforestar (vt)	삼림을 없애다	sam-ni-meul reop-sae-da
tocón (m)	그루터기	geu-ru-teo-gi
hoguera (f)	모닥불	mo-dak-bul
incendio (m) forestal	산불	san-bul
apagar (~ el incendio)	끄다	kkeu-da
guarda (m) forestal	산림경비원	sal-lim-gyeong-bi-won
protección (f)	보호	bo-ho
proteger (vt)	보호하다	bo-ho-ha-da
cazador (m) furtivo	밀렵자	mil-lyeop-ja
cepo (m)	덫	deot

| recoger (setas, bayas) | 따다 | tta-da |
| perderse (vr) | 길을 잃다 | gi-reul ril-ta |

84. Los recursos naturales

recursos (m pl) naturales	천연 자원	cheo-nyeon ja-won
depósitos (m pl)	매장량	mae-jang-nyang
yacimiento (m)	지역	ji-yeok

extraer (vt)	채광하다	chae-gwang-ha-da
extracción (f)	막장일	mak-jang-il
mena (f)	광석	gwang-seok
mina (f)	광산	gwang-san
pozo (m) de mina	갱도	gaeng-do
minero (m)	광부	gwang-bu

| gas (m) | 가스 | ga-seu |
| gasoducto (m) | 가스관 | ga-seu-gwan |

petróleo (m)	석유	seo-gyu
oleoducto (m)	석유 파이프라인	seo-gyu pa-i-peu-ra-in
pozo (m) de petróleo	유정	yu-jeong
torre (f) de sondeo	유정탑	yu-jeong-tap
petrolero (m)	유조선	yu-jo-seon

arena (f)	모래	mo-rae
caliza (f)	석회석	seok-oe-seok
grava (f)	자갈	ja-gal
turba (f)	토탄	to-tan

| arcilla (f) | 점토 | jeom-to |
| carbón (m) | 석탄 | seok-tan |

hierro (m)	철	cheol
oro (m)	금	geum
plata (f)	은	eun

| níquel (m) | 니켈 | ni-kel |
| cobre (m) | 구리 | gu-ri |

| zinc (m) | 아연 | a-yeon |
| manganeso (m) | 망간 | mang-gan |

| mercurio (m) | 수은 | su-eun |
| plomo (m) | 납 | nap |

mineral (m)	광물	gwang-mul
cristal (m)	수정	su-jeong
mármol (m)	대리석	dae-ri-seok
uranio (m)	우라늄	u-ra-nyum

85. El tiempo

tiempo (m)	날씨	nal-ssi
previsión (f) del tiempo	일기 예보	il-gi ye-bo
temperatura (f)	온도	on-do
termómetro (m)	온도계	on-do-gye
barómetro (m)	기압계	gi-ap-gye
humedad (f)	습함, 습기	seu-pam, seup-gi
bochorno (m)	더위	deo-wi
tórrido (adj)	더운	deo-un
hace mucho calor	덥다	deop-da
hace calor (templado)	따뜻하다	tta-tteu-ta-da
templado (adj)	따뜻한	tta-tteu-tan
hace frío	춥다	chup-da
frío (adj)	추운	chu-un
sol (m)	해	hae
brillar (vi)	빛나다	bin-na-da
soleado (un día ~)	화창한	hwa-chang-han
elevarse (el sol)	뜨다	tteu-da
ponerse (vr)	지다	ji-da
nube (f)	구름	gu-reum
nuboso (adj)	구름의	gu-reum-ui
nublado (adj)	흐린	heu-rin
lluvia (f)	비	bi
está lloviendo	비가 오다	bi-ga o-da
lluvioso (adj)	비가 오는	bi-ga o-neun
lloviznar (vi)	이슬비가 내리다	i-seul-bi-ga nae-ri-da
aguacero (m)	억수	eok-su
chaparrón (m)	호우	ho-u
fuerte (la lluvia ~)	심한	sim-han
charco (m)	웅덩이	ung-deong-i
mojarse (vr)	젖다	jeot-da
niebla (f)	안개	an-gae
nebuloso (adj)	안개가 자욱한	an-gae-ga ja-uk-an
nieve (f)	눈	nun
está nevando	눈이 오다	nun-i o-da

86. Los eventos climáticos severos. Los desastres naturales

tormenta (f)	뇌우	noe-u
relámpago (m)	번개	beon-gae

relampaguear (vi)	번쩍이다	beon-jjeo-gi-da
trueno (m)	천둥	cheon-dung
tronar (vi)	천둥이 치다	cheon-dung-i chi-da
está tronando	천둥이 치다	cheon-dung-i chi-da
granizo (m)	싸락눈	ssa-rang-nun
está granizando	싸락눈이 내리다	ssa-rang-nun-i nae-ri-da
inundar (vt)	범람하다	beom-nam-ha-da
inundación (f)	홍수	hong-su
terremoto (m)	지진	ji-jin
sacudida (f)	진동	jin-dong
epicentro (m)	진앙	jin-ang
erupción (f)	폭발	pok-bal
lava (f)	용암	yong-am
torbellino (m)	회오리바람	hoe-o-ri-ba-ram
tornado (m)	토네이도	to-ne-i-do
tifón (m)	태풍	tae-pung
huracán (m)	허리케인	heo-ri-ke-in
tempestad (f)	폭풍우	pok-pung-u
tsunami (m)	해일	hae-il
incendio (m)	불	bul
catástrofe (f)	재해	jae-hae
meteorito (m)	운석	un-seok
avalancha (f)	눈사태	nun-sa-tae
alud (m) de nieve	눈사태	nun-sa-tae
ventisca (f)	눈보라	nun-bo-ra
nevasca (f)	눈보라	nun-bo-ra

LA FAUNA

T&P Books Publishing

87. Los mamíferos. Los predadores

carnívoro (m)	육식 동물	yuk-sik dong-mul
tigre (m)	호랑이	ho-rang-i
león (m)	사자	sa-ja
lobo (m)	이리	i-ri
zorro (m)	여우	yeo-u
jaguar (m)	재규어	jae-gyu-eo
leopardo (m)	표범	pyo-beom
guepardo (m)	치타	chi-ta
puma (f)	퓨마	pyu-ma
leopardo (m) de las nieves	눈표범	nun-pyo-beom
lince (m)	스라소니	seu-ra-so-ni
coyote (m)	코요테	ko-yo-te
chacal (m)	재칼	jae-kal
hiena (f)	하이에나	ha-i-e-na

88. Los animales salvajes

animal (m)	동물	dong-mul
bestia (f)	짐승	jim-seung
ardilla (f)	다람쥐	da-ram-jwi
erizo (m)	고슴도치	go-seum-do-chi
liebre (f)	토끼	to-kki
conejo (m)	굴토끼	gul-to-kki
tejón (m)	오소리	o-so-ri
mapache (m)	너구리	neo-gu-ri
hámster (m)	햄스터	haem-seu-teo
marmota (f)	마멋	ma-meot
topo (m)	두더지	du-deo-ji
ratón (m)	생쥐	saeng-jwi
rata (f)	시궁쥐	si-gung-jwi
murciélago (m)	박쥐	bak-jwi
armiño (m)	북방족제비	buk-bang-jok-je-bi
cebellina (f)	검은담비	geo-meun-dam-bi
marta (f)	담비	dam-bi
visón (m)	밍크	ming-keu

castor (m)	비버	bi-beo
nutria (f)	수달	su-dal
caballo (m)	말	mal
alce (m)	엘크, 무스	el-keu, mu-seu
ciervo (m)	사슴	sa-seum
camello (m)	낙타	nak-ta
bisonte (m)	미국들소	mi-guk-deul-so
uro (m)	유럽들소	yu-reop-deul-so
búfalo (m)	물소	mul-so
cebra (f)	얼룩말	eol-lung-mal
antílope (m)	영양	yeong-yang
corzo (m)	노루	no-ru
gamo (m)	다마사슴	da-ma-sa-seum
gamuza (f)	샤모아	sya-mo-a
jabalí (m)	멧돼지	met-dwae-ji
ballena (f)	고래	go-rae
foca (f)	바다표범	ba-da-pyo-beom
morsa (f)	바다코끼리	ba-da-ko-kki-ri
oso (m) marino	물개	mul-gae
delfín (m)	돌고래	dol-go-rae
oso (m)	곰	gom
oso (m) blanco	북극곰	buk-geuk-gom
panda (f)	판다	pan-da
mono (m)	원숭이	won-sung-i
chimpancé (m)	침팬지	chim-paen-ji
orangután (m)	오랑우탄	o-rang-u-tan
gorila (m)	고릴라	go-ril-la
macaco (m)	마카크	ma-ka-keu
gibón (m)	긴팔원숭이	gin-pa-rwon-sung-i
elefante (m)	코끼리	ko-kki-ri
rinoceronte (m)	코뿔소	ko-ppul-so
jirafa (f)	기린	gi-rin
hipopótamo (m)	하마	ha-ma
canguro (m)	캥거루	kaeng-geo-ru
koala (f)	코알라	ko-al-la
mangosta (f)	몽구스	mong-gu-seu
chinchilla (f)	친칠라	chin-chil-la
mofeta (f)	스컹크	seu-keong-keu
espín (m)	호저	ho-jeo

89. Los animales domésticos

gata (f)	고양이	go-yang-i
gato (m)	수고양이	su-go-yang-i
caballo (m)	말	mal
garañón (m)	수말, 종마	su-mal, jong-ma
yegua (f)	암말	am-mal
vaca (f)	암소	am-so
toro (m)	황소	hwang-so
buey (m)	수소	su-so
oveja (f)	양, 암양	yang, a-myang
carnero (m)	수양	su-yang
cabra (f)	염소	yeom-so
cabrón (m)	숫염소	sun-nyeom-so
asno (m)	당나귀	dang-na-gwi
mulo (m)	노새	no-sae
cerdo (m)	돼지	dwae-ji
cerdito (m)	돼지 새끼	dwae-ji sae-kki
conejo (m)	집토끼	jip-to-kki
gallina (f)	암탉	am-tak
gallo (m)	수탉	su-tak
pato (m)	집오리	ji-bo-ri
ánade (m)	수오리	su-o-ri
ganso (m)	집거위	jip-geo-wi
pavo (m)	수칠면조	su-chil-myeon-jo
pava (f)	칠면조	chil-myeon-jo
animales (m pl) domésticos	가축	ga-chuk
domesticado (adj)	길들여진	gil-deu-ryeo-jin
domesticar (vt)	길들이다	gil-deu-ri-da
criar (vt)	사육하다, 기르다	sa-yuk-a-da, gi-reu-da
granja (f)	농장	nong-jang
aves (f pl) de corral	가금	ga-geum
ganado (m)	가축	ga-chuk
rebaño (m)	떼	tte
caballeriza (f)	마구간	ma-gu-gan
porqueriza (f)	돼지 우리	dwae-ji u-ri
vaquería (f)	외양간	oe-yang-gan
conejal (m)	토끼장	to-kki-jang
gallinero (m)	닭장	dak-jang

90. Los pájaros

pájaro (m)	새	sae
paloma (f)	비둘기	bi-dul-gi
gorrión (m)	참새	cham-sae
carbonero (m)	박새	bak-sae
urraca (f)	까치	kka-chi
cuervo (m)	갈가마귀	gal-ga-ma-gwi
corneja (f)	까마귀	kka-ma-gwi
chova (f)	갈가마귀	gal-ga-ma-gwi
grajo (m)	떼까마귀	ttae-kka-ma-gwi
pato (m)	오리	o-ri
ganso (m)	거위	geo-wi
faisán (m)	꿩	kkwong
águila (f)	독수리	dok-su-ri
azor (m)	매	mae
halcón (m)	매	mae
buitre (m)	독수리, 콘도르	dok-su-ri, kon-do-reu
cóndor (m)	콘도르	kon-do-reu
cisne (m)	백조	baek-jo
grulla (f)	두루미	du-ru-mi
cigüeña (f)	황새	hwang-sae
loro (m), papagayo (m)	앵무새	aeng-mu-sae
colibrí (m)	벌새	beol-sae
pavo (m) real	공작	gong-jak
avestruz (m)	타조	ta-jo
garza (f)	왜가리	wae-ga-ri
flamenco (m)	플라밍고	peul-la-ming-go
pelícano (m)	펠리컨	pel-li-keon
ruiseñor (m)	나이팅게일	na-i-ting-ge-il
golondrina (f)	제비	je-bi
tordo (m)	지빠귀	ji-ppa-gwi
zorzal (m)	노래지빠귀	no-rae-ji-ppa-gwi
mirlo (m)	대륙검은지빠귀	dae-ryuk-geo-meun-ji-ppa-gwi
vencejo (m)	칼새	kal-sae
alondra (f)	종다리	jong-da-ri
codorniz (f)	메추라기	me-chu-ra-gi
pájaro carpintero (m)	딱따구리	ttak-tta-gu-ri
cuco (m)	뻐꾸기	ppeo-kku-gi
lechuza (f)	올빼미	ol-ppae-mi

búho (m)	수리부엉이	su-ri-bu-eong-i
urogallo (m)	큰뇌조	keun-noe-jo
gallo lira (m)	멧닭	met-dak
perdiz (f)	자고	ja-go

estornino (m)	찌르레기	jji-reu-re-gi
canario (m)	카나리아	ka-na-ri-a
pinzón (m)	되새	doe-sae
camachuelo (m)	피리새	pi-ri-sae

gaviota (f)	갈매기	gal-mae-gi
albatros (m)	신천옹	sin-cheon-ong
pingüino (m)	펭귄	peng-gwin

91. Los peces. Los animales marinos

brema (f)	도미류	do-mi-ryu
carpa (f)	잉어	ing-eo
perca (f)	농어의 일종	nong-eo-ui il-jong
siluro (m)	메기	me-gi
lucio (m)	북부민물꼬치고기	buk-bu-min-mul-kko-chi-go-gi

| salmón (m) | 연어 | yeon-eo |
| esturión (m) | 철갑상어 | cheol-gap-sang-eo |

arenque (m)	청어	cheong-eo
salmón (m) del Atlántico	대서양 연어	dae-seo-yang yeon-eo
caballa (f)	고등어	go-deung-eo
lenguado (m)	넙치	neop-chi

bacalao (m)	대구	dae-gu
atún (m)	참치	cham-chi
trucha (f)	송어	song-eo

anguila (f)	뱀장어	baem-jang-eo
raya (f) eléctrica	시끈가오리	si-kkeun-ga-o-ri
morena (f)	곰치	gom-chi
piraña (f)	피라니아	pi-ra-ni-a

tiburón (m)	상어	sang-eo
delfín (m)	돌고래	dol-go-rae
ballena (f)	고래	go-rae

centolla (f)	게	ge
medusa (f)	해파리	hae-pa-ri
pulpo (m)	낙지	nak-ji

| estrella (f) de mar | 불가사리 | bul-ga-sa-ri |
| erizo (m) de mar | 성게 | seong-ge |

caballito (m) de mar	해마	hae-ma
ostra (f)	굴	gul
camarón (m)	새우	sae-u
bogavante (m)	바닷가재	ba-dat-ga-jae
langosta (f)	대하	dae-ha

92. Los anfibios. Los reptiles

serpiente (f)	뱀	baem
venenoso (adj)	독이 있는	do-gi in-neun
víbora (f)	살무사	sal-mu-sa
cobra (f)	코브라	ko-beu-ra
pitón (m)	비단뱀	bi-dan-baem
boa (f)	보아	bo-a
culebra (f)	풀뱀	pul-baem
serpiente (m) de cascabel	방울뱀	bang-ul-baem
anaconda (f)	아나콘다	a-na-kon-da
lagarto (m)	도마뱀	do-ma-baem
iguana (f)	이구아나	i-gu-a-na
salamandra (f)	도롱뇽	do-rong-nyong
camaleón (m)	카멜레온	ka-mel-le-on
escorpión (m)	전갈	jeon-gal
tortuga (f)	거북	geo-buk
rana (f)	개구리	gae-gu-ri
sapo (m)	두꺼비	du-kkeo-bi
cocodrilo (m)	악어	a-geo

93. Los insectos

insecto (m)	곤충	gon-chung
mariposa (f)	나비	na-bi
hormiga (f)	개미	gae-mi
mosca (f)	파리	pa-ri
mosquito (m) (picadura de ~)	모기	mo-gi
escarabajo (m)	딱정벌레	ttak-jeong-beol-le
avispa (f)	말벌	mal-beol
abeja (f)	꿀벌	kkul-beol
abejorro (m)	호박벌	ho-bak-beol
moscardón (m)	쇠파리	soe-pa-ri
araña (f)	거미	geo-mi
telaraña (f)	거미줄	geo-mi-jul

libélula (f)	잠자리	jam-ja-ri
saltamontes (m)	메뚜기	me-ttu-gi
mariposa (f) nocturna	나방	na-bang
cucaracha (f)	바퀴벌레	ba-kwi-beol-le
garrapata (f)	진드기	jin-deu-gi
pulga (f)	벼룩	byeo-ruk
mosca (f) negra	깔따구	kkal-tta-gu
langosta (f)	메뚜기	me-ttu-gi
caracol (m)	달팽이	dal-paeng-i
grillo (m)	귀뚜라미	gwi-ttu-ra-mi
luciérnaga (f)	개똥벌레	gae-ttong-beol-le
mariquita (f)	무당벌레	mu-dang-beol-le
sanjuanero (m)	왕풍뎅이	wang-pung-deng-i
sanguijuela (f)	거머리	geo-meo-ri
oruga (f)	애벌레	ae-beol-le
lombriz (m) de tierra	지렁이	ji-reong-i
larva (f)	애벌레	ae-beol-le

LA FLORA

T&P Books Publishing

árbol (m)	나무	na-mu
foliáceo (adj)	낙엽수의	na-gyeop-su-ui
conífero (adj)	침엽수의	chi-myeop-su-ui
de hoja perenne	상록의	sang-no-gui
manzano (m)	사과나무	sa-gwa-na-mu
peral (m)	배나무	bae-na-mu
cerezo (m), guindo (m)	벚나무	beon-na-mu
ciruelo (m)	자두나무	ja-du-na-mu
abedul (m)	자작나무	ja-jang-na-mu
roble (m)	오크	o-keu
tilo (m)	보리수	bo-ri-su
pobo (m)	사시나무	sa-si-na-mu
arce (m)	단풍나무	dan-pung-na-mu
pícea (f)	가문비나무	ga-mun-bi-na-mu
pino (m)	소나무	so-na-mu
alerce (m)	낙엽송	na-gyeop-song
abeto (m)	전나무	jeon-na-mu
cedro (m)	시다	si-da
álamo (m)	포플러	po-peul-leo
serbal (m)	마가목	ma-ga-mok
sauce (m)	버드나무	beo-deu-na-mu
aliso (m)	오리나무	o-ri-na-mu
haya (f)	너도밤나무	neo-do-bam-na-mu
olmo (m)	느릅나무	neu-reum-na-mu
fresno (m)	물푸레나무	mul-pu-re-na-mu
castaño (m)	밤나무	bam-na-mu
magnolia (f)	목련	mong-nyeon
palmera (f)	야자나무	ya-ja-na-mu
ciprés (m)	사이프러스	sa-i-peu-reo-seu
mangle (m)	맹그로브	maeng-geu-ro-beu
baobab (m)	바오밥나무	ba-o-bam-na-mu
eucalipto (m)	유칼립투스	yu-kal-lip-tu-seu
secoya (f)	세쿼이아	se-kwo-i-a

95. Los arbustos

mata (f)	덤불	deom-bul
arbusto (m)	관목	gwan-mok
vid (f)	포도 덩굴	po-do deong-gul
viñedo (m)	포도밭	po-do-bat
frambueso (m)	라즈베리	ra-jeu-be-ri
grosellero (m) rojo	레드커런트 나무	re-deu-keo-reon-teu na-mu
grosellero (m) espinoso	구스베리 나무	gu-seu-be-ri na-mu
acacia (f)	아카시아	a-ka-si-a
berberís (m)	매자나무	mae-ja-na-mu
jazmín (m)	재스민	jae-seu-min
enebro (m)	두송	du-song
rosal (m)	장미 덤불	jang-mi deom-bul
escaramujo (m)	찔레나무	jjil-le-na-mu

96. Las frutas. Las bayas

manzana (f)	사과	sa-gwa
pera (f)	배	bae
ciruela (f)	자두	ja-du
fresa (f)	딸기	ttal-gi
guinda (f)	신양	si-nyang
cereza (f)	양벚나무	yang-beon-na-mu
uva (f)	포도	po-do
frambuesa (f)	라즈베리	ra-jeu-be-ri
grosella (f) negra	블랙커런트	beul-laek-keo-ren-teu
grosella (f) roja	레드커런트	re-deu-keo-ren-teu
grosella (f) espinosa	구스베리	gu-seu-be-ri
arándano (m) agrio	크랜베리	keu-raen-be-ri
naranja (f)	오렌지	o-ren-ji
mandarina (f)	귤	gyul
piña (f)	파인애플	pa-in-ae-peul
banana (f)	바나나	ba-na-na
dátil (m)	대추야자	dae-chu-ya-ja
limón (m)	레몬	re-mon
albaricoque (m)	살구	sal-gu
melocotón (m)	복숭아	bok-sung-a
kiwi (m)	키위	ki-wi
toronja (f)	자몽	ja-mong

baya (f)	장과	jang-gwa
bayas (f pl)	장과류	jang-gwa-ryu
arándano (m) rojo	월귤나무	wol-gyul-la-mu
fresa (f) silvestre	야생딸기	ya-saeng-ttal-gi
arándano (m)	빌베리	bil-be-ri

97. Las flores. Las plantas

| flor (f) | 꽃 | kkot |
| ramo (m) de flores | 꽃다발 | kkot-da-bal |

rosa (f)	장미	jang-mi
tulipán (m)	튤립	tyul-lip
clavel (m)	카네이션	ka-ne-i-syeon
gladiolo (m)	글라디올러스	geul-la-di-ol-leo-seu

aciano (m)	수레국화	su-re-guk-wa
campanilla (f)	실잔대	sil-jan-dae
diente (m) de león	민들레	min-deul-le
manzanilla (f)	캐모마일	kae-mo-ma-il

áloe (m)	알로에	al-lo-e
cacto (m)	선인장	seon-in-jang
ficus (m)	고무나무	go-mu-na-mu

azucena (f)	백합	baek-ap
geranio (m)	제라늄	je-ra-nyum
jacinto (m)	히아신스	hi-a-sin-seu

mimosa (f)	미모사	mi-mo-sa
narciso (m)	수선화	su-seon-hwa
capuchina (f)	한련	hal-lyeon

orquídea (f)	난초	nan-cho
peonía (f)	모란	mo-ran
violeta (f)	바이올렛	ba-i-ol-let

trinitaria (f)	팬지	paen-ji
nomeolvides (f)	물망초	mul-mang-cho
margarita (f)	데이지	de-i-ji

amapola (f)	양귀비	yang-gwi-bi
cáñamo (m)	삼	sam
menta (f)	박하	bak-a

| muguete (m) | 은방울꽃 | eun-bang-ul-kkot |
| campanilla (f) de las nieves | 스노드롭 | seu-no-deu-rop |

| ortiga (f) | 쐐기풀 | sswae-gi-pul |
| acedera (f) | 수영 | su-yeong |

nenúfar (m)	수련	su-ryeon
helecho (m)	고사리	go-sa-ri
liquen (m)	이끼	i-kki
invernadero (m) tropical	온실	on-sil
césped (m)	잔디	jan-di
macizo (m) de flores	꽃밭	kkot-bat
planta (f)	식물	sing-mul
hierba (f)	풀	pul
hoja (f) de hierba	풀잎	pu-rip
hoja (f)	잎	ip
pétalo (m)	꽃잎	kko-chip
tallo (m)	줄기	jul-gi
tubérculo (m)	구근	gu-geun
retoño (m)	새싹	sae-ssak
espina (f)	가시	ga-si
florecer (vi)	피우다	pi-u-da
marchitarse (vr)	시들다	si-deul-da
olor (m)	향기	hyang-gi
cortar (vt)	자르다	ja-reu-da
coger (una flor)	따다	tta-da

98. Los cereales, los granos

grano (m)	곡물	gong-mul
cereales (m pl) (plantas)	곡류	gong-nyu
espiga (f)	이삭	i-sak
trigo (m)	밀	mil
centeno (m)	호밀	ho-mil
avena (f)	귀리	gwi-ri
mijo (m)	수수, 기장	su-su, gi-jang
cebada (f)	보리	bo-ri
maíz (m)	옥수수	ok-su-su
arroz (m)	쌀	ssal
alforfón (m)	메밀	me-mil
guisante (m)	완두	wan-du
fréjol (m)	강낭콩	gang-nang-kong
soya (f)	콩	kong
lenteja (f)	렌즈콩	ren-jeu-kong
habas (f pl)	콩	kong

LOS PAÍSES

T&P Books Publishing

Afganistán (m)	아프가니스탄	a-peu-ga-ni-seu-tan
Albania (f)	알바니아	al-ba-ni-a
Alemania (f)	독일	do-gil
Arabia (f) Saudita	사우디아라비아	sa-u-di-a-ra-bi-a
Argentina (f)	아르헨티나	a-reu-hen-ti-na
Armenia (f)	아르메니아	a-reu-me-ni-a
Australia (f)	호주	ho-ju
Austria (f)	오스트리아	o-seu-teu-ri-a
Azerbaiyán (m)	아제르바이잔	a-je-reu-ba-i-jan
Bangladesh (m)	방글라데시	bang-geul-la-de-si
Bélgica (f)	벨기에	bel-gi-e
Bielorrusia (f)	벨로루시	bel-lo-ru-si
Bolivia (f)	볼리비아	bol-li-bi-a
Bosnia y Herzegovina	보스니아 헤르체코비나	bo-seu-ni-a he-reu-che-ko-bi-na
Brasil (m)	브라질	beu-ra-jil
Bulgaria (f)	불가리아	bul-ga-ri-a
Camboya (f)	캄보디아	kam-bo-di-a
Canadá (f)	캐나다	kae-na-da
Chequia (f)	체코	che-ko
Chile (m)	칠레	chil-le
China (f)	중국	jung-guk
Chipre (m)	키프로스	ki-peu-ro-seu
Colombia (f)	콜롬비아	kol-lom-bi-a
Corea (f) del Norte	북한	buk-an
Corea (f) del Sur	한국	han-guk
Croacia (f)	크로아티아	keu-ro-a-ti-a
Cuba (f)	쿠바	ku-ba
Dinamarca (f)	덴마크	den-ma-keu
Ecuador (m)	에콰도르	e-kwa-do-reu
Egipto (m)	이집트	i-jip-teu
Emiratos (m pl) Árabes Unidos	아랍에미리트	a-ra-be-mi-ri-teu
Escocia (f)	스코틀랜드	seu-ko-teul-laen-deu
Eslovaquia (f)	슬로바키아	seul-lo-ba-ki-a
Eslovenia	슬로베니아	seul-lo-be-ni-a
España (f)	스페인	seu-pe-in
Estados Unidos de América	미국	mi-guk
Estonia (f)	에스토니아	e-seu-to-ni-a
Finlandia (f)	핀란드	pil-lan-deu
Francia (f)	프랑스	peu-rang-seu

100. Los países. Unidad 2

Georgia (f)	그루지야	geu-ru-ji-ya
Ghana (f)	가나	ga-na
Gran Bretaña (f)	영국	yeong-guk
Grecia (f)	그리스	geu-ri-seu
Haití (m)	아이티	a-i-ti
Hungría (f)	헝가리	heong-ga-ri
India (f)	인도	in-do
Indonesia (f)	인도네시아	in-do-ne-si-a
Inglaterra (f)	잉글랜드	ing-geul-laen-deu
Irak (m)	이라크	i-ra-keu
Irán (m)	이란	i-ran
Irlanda (f)	아일랜드	a-il-laen-deu
Islandia (f)	아이슬란드	a-i-seul-lan-deu
Islas (f pl) Bahamas	바하마	ba-ha-ma
Israel (m)	이스라엘	i-seu-ra-el
Italia (f)	이탈리아	i-tal-li-a
Jamaica (f)	자메이카	ja-me-i-ka
Japón (m)	일본	il-bon
Jordania (f)	요르단	yo-reu-dan
Kazajstán (m)	카자흐스탄	ka-ja-heu-seu-tan
Kenia (f)	케냐	ke-nya
Kirguizistán (m)	키르기스스탄	ki-reu-gi-seu-seu-tan
Kuwait (m)	쿠웨이트	ku-we-i-teu
Laos (m)	라오스	ra-o-seu
Letonia (f)	라트비아	ra-teu-bi-a
Líbano (m)	레바논	re-ba-non
Libia (f)	리비아	ri-bi-a
Liechtenstein (m)	리히텐슈타인	ri-hi-ten-syu-ta-in
Lituania (f)	리투아니아	ri-tu-a-ni-a
Luxemburgo (m)	룩셈부르크	ruk-sem-bu-reu-keu
Macedonia	마케도니아	ma-ke-do-ni-a
Madagascar (m)	마다가스카르	ma-da-ga-seu-ka-reu
Malasia (f)	말레이시아	mal-le-i-si-a
Malta (f)	몰타	mol-ta
Marruecos (m)	모로코	mo-ro-ko
Méjico (m)	멕시코	mek-si-ko
Moldavia (f)	몰도바	mol-do-ba
Mónaco (m)	모나코	mo-na-ko
Mongolia (f)	몽골	mong-gol
Montenegro (m)	몬테네그로	mon-te-ne-geu-ro
Myanmar (m)	미얀마	mi-yan-ma

101. Los países. Unidad 3

Namibia (f)	나미비아	na-mi-bi-a
Nepal (m)	네팔	ne-pal
Noruega (f)	노르웨이	no-reu-we-i
Nueva Zelanda (f)	뉴질랜드	nyu-jil-laen-deu

Países Bajos (m pl)	네덜란드	ne-deol-lan-deu
Pakistán (m)	파키스탄	pa-ki-seu-tan
Palestina (f)	팔레스타인	pal-le-seu-ta-in
Panamá (f)	파나마	pa-na-ma
Paraguay (m)	파라과이	pa-ra-gwa-i
Perú (m)	페루	pe-ru
Polinesia (f) Francesa	폴리네시아	pol-li-ne-si-a
Polonia (f)	폴란드	pol-lan-deu
Portugal (m)	포르투갈	po-reu-tu-gal

República (f) Dominicana	도미니카 공화국	do-mi-ni-ka gong-hwa-guk
República (f) Sudafricana	남아프리카 공화국	nam-a-peu-ri-ka gong-hwa-guk
Rumania (f)	루마니아	ru-ma-ni-a
Rusia (f)	러시아	reo-si-a

Senegal (m)	세네갈	se-ne-gal
Serbia (f)	세르비아	se-reu-bi-a
Siria (f)	시리아	si-ri-a
Suecia (f)	스웨덴	seu-we-den
Suiza (f)	스위스	seu-wi-seu
Surinam (m)	수리남	su-ri-nam

Tayikistán (m)	타지키스탄	ta-ji-ki-seu-tan
Tailandia (f)	태국	tae-guk
Taiwán (m)	대만	dae-man
Tanzania (f)	탄자니아	tan-ja-ni-a
Tasmania (f)	태즈메이니아	tae-jeu-me-i-ni-a
Túnez (m)	튀니지	twi-ni-ji
Turkmenistán (m)	투르크메니스탄	tu-reu-keu-me-ni-seu-tan
Turquía (f)	터키	teo-ki

Ucrania (f)	우크라이나	u-keu-ra-i-na
Uruguay (m)	우루과이	u-ru-gwa-i
Uzbekistán (m)	우즈베키스탄	u-jeu-be-ki-seu-tan
Vaticano (m)	바티칸	ba-ti-kan
Venezuela (f)	베네수엘라	be-ne-su-el-la
Vietnam (m)	베트남	be-teu-nam
Zanzíbar (m)	잔지바르	jan-ji-ba-reu

T&P BOOKS

GLOSARIO
GASTRONÓMICO

Esta sección contiene una
gran cantidad de palabras y
términos asociados con la
comida. Este diccionario le hará
más fácil la comprensión
del menú de un restaurante y
la elección del plato adecuado

T&P Books Publishing

¡Que aproveche!	맛있게 드십시오!	man-nit-ge deu-sip-si-o!
abrebotellas (m)	병따개	byeong-tta-gae
abrelatas (m)	깡통 따개	kkang-tong tta-gae
aceite (m) de girasol	해바라기유	hae-ba-ra-gi-yu
aceite (m) de oliva	올리브유	ol-li-beu-yu
aceite (m) vegetal	식물유	sing-mu-ryu
agua (f)	물	mul
agua (f) mineral	미네랄 워터	mi-ne-ral rwo-teo
agua (f) potable	음료수	eum-nyo-su
aguacate (m)	아보카도	a-bo-ka-do
ahumado (adj)	훈제된	hun-je-doen
ajo (m)	마늘	ma-neul
albahaca (f)	바질	ba-jil
albaricoque (m)	살구	sal-gu
alcachofa (f)	아티초크	a-ti-cho-keu
alforfón (m)	메밀	me-mil
almendra (f)	아몬드	a-mon-deu
almuerzo (m)	점심식사	jeom-sim-sik-sa
amargo (adj)	쓴	sseun
anís (m)	아니스	a-ni-seu
anguila (f)	뱀장어	baem-jang-eo
aperitivo (m)	아페리티프	a-pe-ri-ti-peu
apetito (m)	식욕	si-gyok
apio (m)	셀러리	sel-leo-ri
arándano (m)	빌베리	bil-be-ri
arándano (m) agrio	크랜베리	keu-raen-be-ri
arándano (m) rojo	월귤나무	wol-gyul-la-mu
arenque (m)	청어	cheong-eo
arroz (m)	쌀	ssal
atún (m)	참치	cham-chi
avellana (f)	개암	gae-am
avena (f)	귀리	gwi-ri
azúcar (m)	설탕	seol-tang
azafrán (m)	사프란	sa-peu-ran
azucarado, dulce (adj)	단	dan
bacalao (m)	대구	dae-gu
banana (f)	바나나	ba-na-na
bar (m)	바	ba
barman (m)	바텐더	ba-ten-deo
batido (m)	밀크 셰이크	mil-keu sye-i-keu
baya (f)	장과	jang-gwa
bayas (f pl)	장과류	jang-gwa-ryu
bebida (f) sin alcohol	청량음료	cheong-nyang-eum-nyo
bebidas (f pl) alcohólicas	술	sul

beicon (m)	베이컨	be-i-keon
berenjena (f)	가지	ga-ji
bistec (m)	비프스테이크	bi-peu-seu-te-i-keu
bocadillo (m)	샌드위치	saen-deu-wi-chi
boleto (m) áspero	거친껼껼이그물버섯	geo-chin-kkeol-kkeo-ri-geu-mul-beo-seot
boleto (m) castaño	등색껼껼이그물버섯	deung-saek-kkeol-kkeo-ri-geu-mul-beo-seot
brócoli (m)	브로콜리	beu-ro-kol-li
brema (f)	도미류	do-mi-ryu
cóctel (m)	칵테일	kak-te-il
caballa (f)	고등어	go-deung-eo
cacahuete (m)	땅콩	ttang-kong
café (m)	커피	keo-pi
café (m) con leche	밀크 커피	mil-keu keo-pi
café (m) solo	블랙 커피	beul-laek keo-pi
café (m) soluble	인스턴트 커피	in-seu-teon-teu keo-pi
calabacín (m)	애호박	ae-ho-bak
calabaza (f)	호박	ho-bak
calamar (m)	오징어	o-jing-eo
caldo (m)	육수	yuk-su
caliente (adj)	뜨거운	tteu-geo-un
caloría (f)	칼로리	kal-lo-ri
camarón (m)	새우	sae-u
camarera (f)	웨이트리스	we-i-teu-ri-seu
camarero (m)	웨이터	we-i-teo
canela (f)	계피	gye-pi
cangrejo (m) de mar	게	ge
capuchino (m)	카푸치노	ka-pu-chi-no
caramelo (m)	사탕	sa-tang
carbohidratos (m pl)	탄수화물	tan-su-hwa-mul
carne (f)	고기	go-gi
carne (f) de carnero	양고기	yang-go-gi
carne (f) de cerdo	돼지고기	dwae-ji-go-gi
carne (f) de ternera	송아지 고기	song-a-ji go-gi
carne (f) de vaca	소고기	so-go-gi
carne (f) picada	다진 고기	da-jin go-gi
carpa (f)	잉어	ing-eo
carta (f) de vinos	와인 메뉴	wa-in me-nyu
carta (f), menú (m)	메뉴판	me-nyu-pan
caviar (m)	캐비어	kae-bi-eo
caza (f) menor	사냥감	sa-nyang-gam
cebada (f)	보리	bo-ri
cebolla (f)	양파	yang-pa
cena (f)	저녁식사	jeo-nyeok-sik-sa
centeno (m)	호밀	ho-mil
cereales (m pl)	곡류	gong-nyu
cereales (m pl) integrales	곡물	gong-mul
cereza (f)	양벚나무	yang-beon-na-mu
cerveza (f)	맥주	maek-ju
cerveza (f) negra	흑맥주	heung-maek-ju
cerveza (f) rubia	라거	ra-geo

champaña (f)	샴페인	syam-pe-in
chicle (m)	껌	kkeom
chocolate (m)	초콜릿	cho-kol-lit
cilantro (m)	고수	go-su
ciruela (f)	자두	ja-du
clara (f)	흰자	huin-ja
clavo (m)	정향	jeong-hyang
coñac (m)	코냑	ko-nyak
cocido en agua (adj)	삶은	sal-meun
cocina (f)	요리	yo-ri
col (f)	양배추	yang-bae-chu
col (f) de Bruselas	방울다다기 양배추	bang-ul-da-da-gi yang-bae-chu
coliflor (f)	컬리플라워	keol-li-peul-la-wo
colmenilla (f)	곰보버섯	gom-bo-beo-seot
comida (f)	음식	eum-sik
comino (m)	캐러웨이	kae-reo-we-i
con gas	탄산이 든	tan-san-i deun
con hielo	얼음을 넣은	eo-reu-meul leo-eun
condimento (m)	양념	yang-nyeom
conejo (m)	토끼고기	to-kki-go-gi
confitura (f)	잼	jaem
confitura (f)	잼	jaem
congelado (adj)	얼린	eol-lin
conservas (f pl)	통조림	tong-jo-rim
copa (f) de vino	와인글라스	wa-in-geul-la-seu
copos (m pl) de maíz	콘플레이크	kon-peul-le-i-keu
crema (f) de mantequilla	버터크림	beo-teo-keu-rim
cuchara (f)	숟가락	sut-ga-rak
cuchara (f) de sopa	숟가락	sut-ga-rak
cucharilla (f)	티스푼	ti-seu-pun
cuchillo (m)	나이프	na-i-peu
cuenta (f)	계산서	gye-san-seo
dátil (m)	대추야자	dae-chu-ya-ja
de chocolate (adj)	초콜릿의	cho-kol-lis-ui
desayuno (m)	아침식사	a-chim-sik-sa
dieta (f)	다이어트	da-i-eo-teu
eneldo (m)	딜	dil
ensalada (f)	샐러드	sael-leo-deu
entremés (m)	애피타이저	ae-pi-ta-i-jeo
espárrago (m)	아스파라거스	a-seu-pa-ra-geo-seu
espagueti (m)	스파게티	seu-pa-ge-ti
especia (f)	향료	hyang-nyo
espiga (f)	이삭	i-sak
espinaca (f)	시금치	si-geum-chi
esturión (m)	철갑상어	cheol-gap-sang-eo
fletán (m)	넙치	neop-chi
fréjol (m)	강낭콩	gang-nang-kong
frío (adj)	차가운	cha-ga-un
frambuesa (f)	라즈베리	ra-jeu-be-ri
fresa (f)	딸기	ttal-gi
fresa (f) silvestre	야생딸기	ya-saeng-ttal-gi

frito (adj)	뛰긴	twi-gin
fruto (m)	과일	gwa-il
gachas (f pl)	죽	juk
galletas (f pl)	쿠키	ku-ki
gallina (f)	닭고기	dak-go-gi
ganso (m)	거위고기	geo-wi-go-gi
gaseoso (adj)	탄산의	tan-sa-nui
ginebra (f)	진	jin
gofre (m)	와플	wa-peul
granada (f)	석류	seong-nyu
grano (m)	곡물	gong-mul
grasas (f pl)	지방	ji-bang
grosella (f) espinosa	구스베리	gu-seu-be-ri
grosella (f) negra	블랙커런트	beul-laek-keo-ren-teu
grosella (f) roja	레드커런트	re-deu-keo-ren-teu
guarnición (f)	사이드 메뉴	sa-i-deu me-nyu
guinda (f)	신양	si-nyang
guisante (m)	완두	wan-du
hígado (m)	간	gan
habas (f pl)	콩	kong
hamburguesa (f)	햄버거	haem-beo-geo
harina (f)	밀가루	mil-ga-ru
helado (m)	아이스크림	a-i-seu-keu-rim
hielo (m)	얼음	eo-reum
higo (m)	무화과	mu-hwa-gwa
hoja (f) de laurel	월계수잎	wol-gye-su-ip
huevo (m)	계란	gye-ran
huevos (m pl)	계란	gye-ran
huevos (m pl) fritos	계란후라이	gye-ran-hu-ra-i
jamón (m)	햄	haem
jamón (m) fresco	개면	gae-meon
jengibre (m)	생강	saeng-gang
jugo (m) de tomate	토마토 주스	to-ma-to ju-seu
kiwi (m)	키위	ki-wi
langosta (f)	대하	dae-ha
leche (f)	우유	u-yu
leche (f) condensada	연유	yeo-nyu
lechuga (f)	양상추	yang-sang-chu
legumbres (f pl)	채소	chae-so
lengua (f)	혀	hyeo
lenguado (m)	넙치	neop-chi
lenteja (f)	렌즈콩	ren-jeu-kong
licor (m)	리큐르	ri-kyu-reu
limón (m)	레몬	re-mon
limonada (f)	레모네이드	re-mo-ne-i-deu
loncha (f)	조각	jo-gak
lucio (m)	강꼬치고기	gang-kko-chi-go-gi
maíz (m)	옥수수	ok-su-su
maíz (m)	옥수수	ok-su-su
macarrones (m pl)	파스타	pa-seu-ta
mandarina (f)	귤	gyul
mango (m)	망고	mang-go

mantequilla (f)	버터	beo-teo
manzana (f)	사과	sa-gwa
margarina (f)	마가린	ma-ga-rin
marinado (adj)	초절인	cho-jeo-rin
mariscos (m pl)	해물	hae-mul
matamoscas (m)	광대버섯	gwang-dae-beo-seot
mayonesa (f)	마요네즈	ma-yo-ne-jeu
melón (m)	멜론	mel-lon
melocotón (m)	복숭아	bok-sung-a
mermelada (f)	마멀레이드	ma-meol-le-i-deu
miel (f)	꿀	kkul
miga (f)	부스러기	bu-seu-reo-gi
mijo (m)	수수, 기장	su-su, gi-jang
mini tarta (f)	케이크	ke-i-keu
mondadientes (m)	이쑤시개	i-ssu-si-gae
mostaza (f)	겨자	gyeo-ja
nabo (m)	순무	sun-mu
naranja (f)	오렌지	o-ren-ji
nata (f) agria	사워크림	sa-wo-keu-rim
nata (f) líquida	크림	keu-rim
nuez (f)	호두	ho-du
nuez (f) de coco	코코넛	ko-ko-neot
olivas, aceitunas (f pl)	올리브	ol-li-beu
oronja (f) verde	알광대버섯	al-gwang-dae-beo-seot
ostra (f)	굴	gul
pan (m)	빵	ppang
papaya (f)	파파야	pa-pa-ya
paprika (f)	파프리카	pa-peu-ri-ka
pasas (f pl)	건포도	geon-po-do
pasteles (m pl)	과자류	gwa-ja-ryu
paté (m)	파테	pa-te
patata (f)	감자	gam-ja
pato (m)	오리고기	o-ri-go-gi
pava (f)	칠면조고기	chil-myeon-jo-go-gi
pedazo (m)	조각	jo-gak
pepino (m)	오이	o-i
pera (f)	배	bae
perca (f)	농어의 일종	nong-eo-ui il-jong
perejil (m)	파슬리	pa-seul-li
pescado (m)	생선	saeng-seon
piña (f)	파인애플	pa-in-ae-peul
piel (f)	껍질	kkeop-jil
pimienta (f) negra	후추	hu-chu
pimienta (f) roja	고춧가루	go-chut-ga-ru
pimiento (m) dulce	피망	pi-mang
pistachos (m pl)	피스타치오	pi-seu-ta-chi-o
pizza (f)	피자	pi-ja
platillo (m)	받침 접시	bat-chim jeop-si
plato (m)	요리, 코스	yo-ri, ko-seu
plato (m)	접시	jeop-si
pomelo (m)	자몽	ja-mong
porción (f)	분량	bul-lyang

postre (m)	디저트	di-jeo-teu
propina (f)	팁	tip
proteínas (f pl)	단백질	dan-baek-jil
puré (m) de patatas	으깬 감자	eu-kkaen gam-ja
queso (m)	치즈	chi-jeu
rábano (m)	무	mu
rábano (m) picante	고추냉이	go-chu-naeng-i
rúsula (f)	무당버섯	mu-dang-beo-seot
rebozuelo (m)	살구버섯	sal-gu-beo-seot
receta (f)	요리법	yo-ri-beop
refresco (m)	청량 음료	cheong-nyang eum-nyo
regusto (m)	뒷 맛	dwit mat
relleno (m)	속	sok
remolacha (f)	비트	bi-teu
ron (m)	럼	reom
sésamo (m)	깨	kkae
sabor (m)	맛	mat
sabroso (adj)	맛있는	man-nin-neun
sacacorchos (m)	코르크 마개 뽑이	ko-reu-keu ma-gae ppo-bi
sal (f)	소금	so-geum
salado (adj)	짠	jjan
salchichón (m)	소시지	so-si-ji
salchicha (f)	비엔나 소시지	bi-en-na so-si-ji
salmón (m)	연어	yeon-eo
salmón (m) del Atlántico	대서양 연어	dae-seo-yang yeon-eo
salsa (f)	소스	so-seu
sandía (f)	수박	su-bak
sardina (f)	정어리	jeong-eo-ri
seco (adj)	말린	mal-lin
seta (f)	버섯	beo-seot
seta (f) comestible	식용 버섯	si-gyong beo-seot
seta (f) venenosa	독버섯	dok-beo-seot
siluro (m)	메기	me-gi
sin alcohol	무알코올의	mu-al-ko-o-rui
sin gas	탄산 없는	tan-san neom-neun
sopa (f)	수프	su-peu
soya (f)	콩	kong
té (m)	차	cha
té (m) negro	홍차	hong-cha
té (m) verde	녹차	nok-cha
tallarines (m pl)	면	myeon
tarta (f)	케이크	ke-i-keu
tarta (f)	파이	pa-i
taza (f)	컵	keop
tenedor (m)	포크	po-keu
tiburón (m)	상어	sang-eo
tomate (m)	토마토	to-ma-to
tortilla (f) francesa	오믈렛	o-meul-let
trigo (m)	밀	mil
trucha (f)	송어	song-eo
uva (f)	포도	po-do
vaso (m)	유리잔	yu-ri-jan

vegetariano (adj)	채식주의의	chae-sik-ju-ui-ui
vegetariano (m)	채식주의자	chae-sik-ju-ui-ja
verduras (f pl)	녹황색 채소	nok-wang-saek chae-so
vermú (m)	베르무트	be-reu-mu-teu
vinagre (m)	식초	sik-cho
vino (m)	와인	wa-in
vino (m) blanco	백 포도주	baek po-do-ju
vino (m) tinto	레드 와인	re-deu wa-in
vitamina (f)	비타민	bi-ta-min
vodka (m)	보드카	bo-deu-ka
whisky (m)	위스키	wi-seu-ki
yema (f)	노른자	no-reun-ja
yogur (m)	요구르트	yo-gu-reu-teu
zanahoria (f)	당근	dang-geun
zarzamoras (f pl)	블랙베리	beul-laek-be-ri
zumo (m) de naranja	오렌지 주스	o-ren-ji ju-seu
zumo (m) fresco	생과일주스	saeng-gwa-il-ju-seu
zumo (m), jugo (m)	주스	ju-seu

Coreano-Español glosario gastronómico

아보카도	a-bo-ka-do	aguacate (m)
아침식사	a-chim-sik-sa	desayuno (m)
아이스크림	a-i-seu-keu-rim	helado (m)
아몬드	a-mon-deu	almendra (f)
아니스	a-ni-seu	anís (m)
아페리티프	a-pe-ri-ti-peu	aperitivo (m)
아스파라거스	a-seu-pa-ra-geo-seu	espárrago (m)
아티초크	a-ti-cho-keu	alcachofa (f)
애호박	ae-ho-bak	calabacín (m)
애피타이저	ae-pi-ta-i-jeo	entremés (m)
알광대버섯	al-gwang-dae-beo-seot	oronja (f) verde
바	ba	bar (m)
바질	ba-jil	albahaca (f)
바나나	ba-na-na	banana (f)
바텐더	ba-ten-deo	barman (m)
배	bae	pera (f)
백 포도주	baek po-do-ju	vino (m) blanco
뱀장어	baem-jang-eo	anguila (f)
방울다다기 양배추	bang-ul-da-da-gi yang-bae-chu	col (f) de Bruselas
받침 접시	bat-chim jeop-si	platillo (m)
베이컨	be-i-keon	beicon (m)
베르무트	be-reu-mu-teu	vermú (m)
버섯	beo-seot	seta (f)
버터	beo-teo	mantequilla (f)
버터크림	beo-teo-keu-rim	crema (f) de mantequilla
브로콜리	beu-ro-kol-li	brócoli (m)
블랙 커피	beul-laek keo-pi	café (m) solo
블랙베리	beul-laek-be-ri	zarzamoras (f pl)
블랙커렌트	beul-laek-keo-ren-teu	grosella (f) negra
비엔나 소시지	bi-en-na so-si-ji	salchicha (f)
비프스테이크	bi-peu-seu-te-i-keu	bistec (m)
비타민	bi-ta-min	vitamina (f)
비트	bi-teu	remolacha (f)
빌베리	bil-be-ri	arándano (m)
보드카	bo-deu-ka	vodka (m)
보리	bo-ri	cebada (f)
복숭아	bok-sung-a	melocotón (m)
부스러기	bu-seu-reo-gi	miga (f)
분량	bul-lyang	porción (f)
병따개	byeong-tta-gae	abrebotellas (m)
차	cha	té (m)
차가운	cha-ga-un	frío (adj)
채식주의자	chae-sik-ju-ui-ja	vegetariano (m)

채식주의의	chae-sik-ju-ui-ui	vegetariano (adj)
채소	chae-so	legumbres (f pl)
참치	cham-chi	atún (m)
철갑상어	cheol-gap-sang-eo	esturión (m)
청어	cheong-eo	arenque (m)
청량 음료	cheong-nyang eum-nyo	refresco (m)
청량음료	cheong-nyang-eum-nyo	bebida (f) sin alcohol
치즈	chi-jeu	queso (m)
칠면조고기	chil-myeon-jo-go-gi	pava (f)
초절인	cho-jeo-rin	marinado (adj)
초콜릿의	cho-kol-lis-ui	de chocolate (adj)
초콜릿	cho-kol-lit	chocolate (m)
다이어트	da-i-eo-teu	dieta (f)
다진 고기	da-jin go-gi	carne (f) picada
대추야자	dae-chu-ya-ja	dátil (m)
대구	dae-gu	bacalao (m)
대하	dae-ha	langosta (f)
대서양 연어	dae-seo-yang yeon-eo	salmón (m) del Atlántico
닭고기	dak-go-gi	gallina (f)
단	dan	azucarado, dulce (adj)
단백질	dan-baek-jil	proteínas (f pl)
당근	dang-geun	zanahoria (f)
등색껄껄이그물버섯	deung-saek-kkeol-kkeo-ri-geu-mul-beo-seot	boleto (m) castaño
디저트	di-jeo-teu	postre (m)
딜	dil	eneldo (m)
도미류	do-mi-ryu	brema (f)
독버섯	dok-beo-seot	seta (f) venenosa
돼지고기	dwae-ji-go-gi	carne (f) de cerdo
뒷 맛	dwit mat	regusto (m)
얼음을 넣은	eo-reu-meul leo-eun	con hielo
얼음	eo-reum	hielo (m)
얼린	eol-lin	congelado (adj)
으깬 감자	eu-kkaen gam-ja	puré (m) de patatas
음료수	eum-nyo-su	agua (f) potable
음식	eum-sik	comida (f)
가지	ga-ji	berenjena (f)
개암	gae-am	avellana (f)
개먼	gae-meon	jamón (m) fresco
감자	gam-ja	patata (f)
간	gan	hígado (m)
강꼬치고기	gang-kko-chi-go-gi	lucio (m)
강낭콩	gang-nang-kong	fréjol (m)
게	ge	cangrejo (m) de mar
거친껄껄이그물버섯	geo-chin-kkeol-kkeo-ri-geu-mul-beo-seot	boleto (m) áspero
거위고기	geo-wi-go-gi	ganso (m)
건포도	geon-po-do	pasas (f pl)
고추냉이	go-chu-naeng-i	rábano (m) picante
고춧가루	go-chut-ga-ru	pimienta (f) roja
고등어	go-deung-eo	caballa (f)
고기	go-gi	carne (f)

고수	go-su	cilantro (m)
곰보버섯	gom-bo-beo-seot	colmenilla (f)
곡물	gong-mul	cereales (m pl) integrales
곡물	gong-mul	grano (m)
곡류	gong-nyu	cereales (m pl)
구스베리	gu-seu-be-ri	grosella (f) espinosa
굴	gul	ostra (f)
과일	gwa-il	fruto (m)
과자류	gwa-ja-ryu	pasteles (m pl)
광대버섯	gwang-dae-beo-seot	matamoscas (m)
귀리	gwi-ri	avena (f)
계피	gye-pi	canela (f)
계란	gye-ran	huevo (m)
계란	gye-ran	huevos (m pl)
계란후라이	gye-ran-hu-ra-i	huevos (m pl) fritos
계산서	gye-san-seo	cuenta (f)
겨자	gyeo-ja	mostaza (f)
귤	gyul	mandarina (f)
해바라기유	hae-ba-ra-gi-yu	aceite (m) de girasol
해물	hae-mul	mariscos (m pl)
햄	haem	jamón (m)
햄버거	haem-beo-geo	hamburguesa (f)
흑맥주	heung-maek-ju	cerveza (f) negra
호박	ho-bak	calabaza (f)
호두	ho-du	nuez (f)
호밀	ho-mil	centeno (m)
홍차	hong-cha	té (m) negro
후추	hu-chu	pimienta (f) negra
흰자	huin-ja	clara (f)
훈제된	hun-je-doen	ahumado (adj)
향료	hyang-nyo	especia (f)
혀	hyeo	lengua (f)
이삭	i-sak	espiga (f)
이쑤시개	i-ssu-si-gae	mondadientes (m)
인스턴트 커피	in-seu-teon-teu keo-pi	café (m) soluble
잉어	ing-eo	carpa (f)
자두	ja-du	ciruela (f)
자몽	ja-mong	pomelo (m)
잼	jaem	confitura (f)
잼	jaem	confitura (f)
장과	jang-gwa	baya (f)
장과류	jang-gwa-ryu	bayas (f pl)
저녁식사	jeo-nyeok-sik-sa	cena (f)
점심식사	jeom-sim-sik-sa	almuerzo (m)
정어리	jeong-eo-ri	sardina (f)
정향	jeong-hyang	clavo (m)
접시	jeop-si	plato (m)
지방	ji-bang	grasas (f pl)
진	jin	ginebra (f)
짠	jjan	salado (adj)
조각	jo-gak	loncha (f)
조각	jo-gak	pedazo (m)

주스	ju-seu	zumo (m), jugo (m)
죽	juk	gachas (f pl)
카푸치노	ka-pu-chi-no	capuchino (m)
캐비어	kae-bi-eo	caviar (m)
캐러웨이	kae-reo-we-i	comino (m)
칵테일	kak-te-il	cóctel (m)
칼로리	kal-lo-ri	caloría (f)
케이크	ke-i-keu	mini tarta (f)
케이크	ke-i-keu	tarta (f)
커피	keo-pi	café (m)
컬리플라워	keol-li-peul-la-wo	coliflor (f)
컵	keop	taza (f)
크랜베리	keu-raen-be-ri	arándano (m) agrio
크림	keu-rim	nata (f) líquida
키위	ki-wi	kiwi (m)
깨	kkae	sésamo (m)
깡통 따개	kkang-tong tta-gae	abrelatas (m)
껌	kkeom	chicle (m)
껍질	kkeop-jil	piel (f)
꿀	kkul	miel (f)
코코넛	ko-ko-neot	nuez (f) de coco
코냑	ko-nyak	coñac (m)
코르크 마개 뽑이	ko-reu-keu ma-gae ppo-bi	sacacorchos (m)
콘플레이크	kon-peul-le-i-keu	copos (m pl) de maíz
콩	kong	habas (f pl)
콩	kong	soya (f)
쿠키	ku-ki	galletas (f pl)
마가린	ma-ga-rin	margarina (f)
마멀레이드	ma-meol-le-i-deu	mermelada (f)
마늘	ma-neul	ajo (m)
마요네즈	ma-yo-ne-jeu	mayonesa (f)
맥주	maek-ju	cerveza (f)
말린	mal-lin	seco (adj)
맛있는	man-nin-neun	sabroso (adj)
맛있게 드십시오!	man-nit-ge deu-sip-si-o!	¡Que aproveche!
망고	mang-go	mango (m)
맛	mat	sabor (m)
메기	me-gi	siluro (m)
메밀	me-mil	alforfón (m)
메뉴판	me-nyu-pan	carta (f), menú (m)
멜론	mel-lon	melón (m)
미네랄 워터	mi-ne-ral rwo-teo	agua (f) mineral
밀	mil	trigo (m)
밀가루	mil-ga-ru	harina (f)
밀크 커피	mil-keu keo-pi	café (m) con leche
밀크 셰이크	mil-keu sye-i-keu	batido (m)
무	mu	rábano (m)
무알코올의	mu-al-ko-o-rui	sin alcohol
무당버섯	mu-dang-beo-seot	rúsula (f)
무화과	mu-hwa-gwa	higo (m)
물	mul	agua (f)
면	myeon	tallarines (m pl)

나이프	na-i-peu	cuchillo (m)
넙치	neop-chi	fletán (m)
넙치	neop-chi	lenguado (m)
노른자	no-reun-ja	yema (f)
녹차	nok-cha	té (m) verde
녹황색 채소	nok-wang-saek chae-so	verduras (f pl)
농어의 일종	nong-eo-ui il-jong	perca (f)
오이	o-i	pepino (m)
오징어	o-jing-eo	calamar (m)
오믈렛	o-meul-let	tortilla (f) francesa
오렌지	o-ren-ji	naranja (f)
오렌지 주스	o-ren-ji ju-seu	zumo (m) de naranja
오리고기	o-ri-go-gi	pato (m)
옥수수	ok-su-su	maíz (m)
옥수수	ok-su-su	maíz (m)
올리브	ol-li-beu	olivas, aceitunas (f pl)
올리브유	ol-li-beu-yu	aceite (m) de oliva
파이	pa-i	tarta (f)
파인애플	pa-in-ae-peul	piña (f)
파파야	pa-pa-ya	papaya (f)
파프리카	pa-peu-ri-ka	paprika (f)
파스타	pa-seu-ta	macarrones (m pl)
파슬리	pa-seul-li	perejil (m)
파테	pa-te	paté (m)
피자	pi-ja	pizza (f)
피망	pi-mang	pimiento (m) dulce
피스타치오	pi-seu-ta-chi-o	pistachos (m pl)
포도	po-do	uva (f)
포크	po-keu	tenedor (m)
빵	ppang	pan (m)
라거	ra-geo	cerveza (f) rubia
라즈베리	ra-jeu-be-ri	frambuesa (f)
레드 와인	re-deu wa-in	vino (m) tinto
레드커렌트	re-deu-keo-ren-teu	grosella (f) roja
레모네이드	re-mo-ne-i-deu	limonada (f)
레몬	re-mon	limón (m)
렌즈콩	ren-jeu-kong	lenteja (f)
럼	reom	ron (m)
리큐르	ri-kyu-reu	licor (m)
사과	sa-gwa	manzana (f)
사이드 메뉴	sa-i-deu me-nyu	guarnición (f)
사냥감	sa-nyang-gam	caza (f) menor
사프란	sa-peu-ran	azafrán (m)
사탕	sa-tang	caramelo (m)
사워크림	sa-wo-keu-rim	nata (f) agria
새우	sae-u	camarón (m)
샐러드	sael-leo-deu	ensalada (f)
샌드위치	saen-deu-wi-chi	bocadillo (m)
생강	saeng-gang	jengibre (m)
생과일주스	saeng-gwa-il-ju-seu	zumo (m) fresco
생선	saeng-seon	pescado (m)
살구	sal-gu	albaricoque (m)

살구버섯	sal-gu-beo-seot	rebozuelo (m)
삶은	sal-meun	cocido en agua (adj)
상어	sang-eo	tiburón (m)
셀러리	sel-leo-ri	apio (m)
설탕	seol-tang	azúcar (m)
석류	seong-nyu	granada (f)
스파게티	seu-pa-ge-ti	espagueti (m)
시금치	si-geum-chi	espinaca (f)
식욕	si-gyok	apetito (m)
식용 버섯	si-gyong beo-seot	seta (f) comestible
신양	si-nyang	guinda (f)
식초	sik-cho	vinagre (m)
식물유	sing-mu-ryu	aceite (m) vegetal
소금	so-geum	sal (f)
소고기	so-go-gi	carne (f) de vaca
소스	so-seu	salsa (f)
소시지	so-si-ji	salchichón (m)
속	sok	relleno (m)
송아지 고기	song-a-ji go-gi	carne (f) de ternera
송어	song-eo	trucha (f)
쌀	ssal	arroz (m)
쓴	sseun	amargo (adj)
수박	su-bak	sandía (f)
수프	su-peu	sopa (f)
수수, 기장	su-su, gi-jang	mijo (m)
술	sul	bebidas (f pl) alcohólicas
순무	sun-mu	nabo (m)
숟가락	sut-ga-rak	cuchara (f)
숟가락	sut-ga-rak	cuchara (f) de sopa
샴페인	syam-pe-in	champaña (f)
탄산의	tan-sa-nui	gaseoso (adj)
탄산 없는	tan-san neom-neun	sin gas
탄산이 든	tan-san-i deun	con gas
탄수화물	tan-su-hwa-mul	carbohidratos (m pl)
티스푼	ti-seu-pun	cucharilla (f)
팁	tip	propina (f)
토끼고기	to-kki-go-gi	conejo (m)
토마토	to-ma-to	tomate (m)
토마토 주스	to-ma-to ju-seu	jugo (m) de tomate
통조림	tong-jo-rim	conservas (f pl)
딸기	ttal-gi	fresa (f)
땅콩	ttang-kong	cacahuete (m)
뜨거운	tteu-geo-un	caliente (adj)
튀긴	twi-gin	frito (adj)
우유	u-yu	leche (f)
와인	wa-in	vino (m)
와인 메뉴	wa-in me-nyu	carta (f) de vinos
와인글라스	wa-in-geul-la-seu	copa (f) de vino
와플	wa-peul	gofre (m)
완두	wan-du	guisante (m)
웨이터	we-i-teo	camarero (m)
웨이트리스	we-i-teu-ri-seu	camarera (f)

위스키	wi-seu-ki	whisky (m)
월계수잎	wol-gye-su-ip	hoja (f) de laurel
월귤나무	wol-gyul-la-mu	arándano (m) rojo
야생딸기	ya-saeng-ttal-gi	fresa (f) silvestre
양배추	yang-bae-chu	col (f)
양벚나무	yang-beon-na-mu	cereza (f)
양고기	yang-go-gi	carne (f) de carnero
양념	yang-nyeom	condimento (m)
양파	yang-pa	cebolla (f)
양상추	yang-sang-chu	lechuga (f)
연유	yeo-nyu	leche (f) condensada
연어	yeon-eo	salmón (m)
요구르트	yo-gu-reu-teu	yogur (m)
요리	yo-ri	cocina (f)
요리, 코스	yo-ri, ko-seu	plato (m)
요리법	yo-ri-beop	receta (f)
유리잔	yu-ri-jan	vaso (m)
육수	yuk-su	caldo (m)